dieter nuhr

wo geht's lang?

Weitere Titel des Autors:

Gut für dich!
Die Rettung der Welt
Das Geheimnis des perfekten Tages
Der ultimative Ratgeber für alles

Titel auch als Hörbuch und E-Book erhältlich

dieter nuhr
wo geht's lang?

ungewohnte blicke
auf eine ziemlich fremde welt

Lübbe

Wo geht's lang?

Das bin ich. Also der rechts. Die da links sind mir namentlich nicht bekannt. Wir hatten ein relativ überschaubar kurzes Kennenlernen und sind dann wieder auseinandergegangen. Das finde ich sehr angenehm. Man bleibt sich immer ein bisschen fremd auf Reisen. Und das ist schön! Es geht beim Reisen nicht darum, allen Menschen um den Hals zu fallen und sich gegenseitig zu versichern, dass man sich nun bis zum Lebensende nie mehr trennen wird. Nein. Reisen ist eher so, wie wenn Hunde sich beschnuppern: neugierig, ergebnisoffen.

Ich bin oft auf Reisen oder besser: Ich war es, als es noch ging. Vor Corona. Nun muss man schauen, ob irgendwann wieder was geht. Vielleicht öffnet sich die ganze Welt irgendwann wieder. Schön wäre es. Man lernt dann in vielen Ländern Leute kennen – und sieht sie nie wieder. Das ist gut so. Wir alle haben nur begrenzte Lebenszeit und auch nur begrenzte Möglichkeiten, Beziehungen aufrechtzuerhalten. Selbst Bekanntschaften, die man eigentlich angenehm findet, kann man nicht immer pflegen.

Die Gestalten, die ich hier getroffen habe, sind eine Pinguingemeinschaft am Boulders Beach, Südafrika. Angenehm wortkarge Wesen, nicht abweisend, aber auch nicht so anbiedernd übergriffig wie ein rheinischer Karnevalsjeck, der am Rosenmontag versucht, möglichst vielen Menschen die Zunge in den Hals zu stecken.

Ich mag weder Distanzlosigkeit noch Fremdenfeindlichkeit. Mit dieser Einstellung kommt man in den meisten Teilen dieser Welt ganz gut klar.

Ich reise gern, weil ich woanders nicht heimisch werden muss. Ich gucke mich um, und meistens wundere ich mich. Herrlich!

Als das Coronavirus kam, musste ich zu Hause bleiben. Ich hatte den Pinguinen am Boulders Beach zwar versprochen, dass ich wiederkommen würde, aber das Erinnerungsvermögen von Pinguinen, gepaart mit ihrem Unverständnis für sprachlich klare Ansagen sollte garantieren, dass ihnen mein Fehlen nicht als Verlust erscheint.

Ich halte die Tatsache, dass die Pandemie einen Teil der Globalisierung rückgängig macht und das Reisen erschwert – im Gegensatz zu vielen meiner Zeitgenossen – für nachteilig. Viele glauben, nun würde endlich Klimavernunft eintreten, außerdem müssten wir unabhängig werden vom Amerikaner und vom Chinesen. Das sind gleich zwei sehr dumme Annahmen. Warum? Nun:

Wenn das Reisen fürs Klima nicht gut ist, muss man das Reisen den Erfordernissen anpassen, nicht abschaffen. Abertausende Chemiker und Ingenieure arbeiten gerade an klimaneutralen Flugkraftstoffen. Mein Favorit ist der grüne Wasserstoff, aber es gibt auch noch Alternativen. Was viele nicht wissen: Wir

haben auf der Erde endlos Energie. Es kommt bloß auf die politischen Rahmenbedingungen an, unter denen sie genutzt wird. Und auf den Preis. Und darauf, wer ihn bezahlt. Das ist kompliziert zu regeln. Zukunft ist überhaupt kompliziert, weshalb viele fordern, sie zu verbieten. Das ist einfältig.

Sonnenschein, Erdwärme, Wind, Gezeiten, Strömung, Kernkraft: All dies liefert weit mehr Energie, als wir brauchen. Welche Energie man wie nutzt, ist aber abhängig vom Willen derer, die über die Nutzungsrechte und -technologien verfügen. Wasserstoff könnte die Energie speichern, die Wind und Sonne im Überfluss liefern, und bereitstellen, wenn kein Lüftchen geht und gleichzeitig Wolken die Sonne verdecken. Es gibt auch andere Energiespeicher, vielleicht bessere. Unser Blick darauf ist getrübt, weil bei uns in Deutschland das Verbot im Mittelpunkt der Zukunftsgestaltung steht und nicht der Aufbruch. Das sehen beispielsweise Chinesen und Inder, Amerikaner und Marokkaner anders. Ich fürchte, sie werden uns wegen unserer untauglichen Versuche der Zukunftsgestaltung irgendwann auslachen.

Was war noch einmal die zweite dumme Annahme? Ach ja! Dass Unabhängigkeit von China und Amerika ein Vorteil wäre. Natürlich ist das Gegenteil der Fall. Dass der letzte Weltkrieg nun schon ein Dreivierteljahrhundert zurückliegt, ist ausschließlich zwei Umständen zu verdanken: erstens – bis 1989 – der atomaren Abschreckung und zweitens – nach dem Fall des Eisernen Vorhangs – der gegenseitigen Abhängigkeit, in der sich die Nationen befanden, die im Rahmen der Globalisierung miteinander Handel trieben. Nun, nach Corona, fordern viele, die Abhängigkeiten zu verringern. Das macht mir Angst. Nur verknüpfte Interessen sichern den Frieden, denn die meisten Menschen verzichten darauf, jemanden zu töten, von dem sie sich Vorteile versprechen, von einzelnen religiös Durchgeknallten abgesehen …

Wir sollten im Gegenteil alles daransetzen, dass wir von China abhängig bleiben und China von uns. Sehr wichtig: Abhängigkeit sollte immer gegenseitig sein! Wenn die Chinesen uns irgendwann nicht mehr als gleichberechtigt ansehen – ob als Partner oder Konkurrenten ist dabei egal –, könnte es eng werden …

Reisen erweitert den Horizont. Man bekommt einen anderen Blick für geopolitische Wirklichkeiten. Der in seinem Heimatort Verharrende richtet seine Meinung an den Fantastereien in seinem Kopf aus, an Utopien oder Ressentiments. Der Globetrotter lernt Pragmatismus. Reisend erkennt man, dass selbst die selbstverständlichsten Selbstverständlichkeiten nicht selbstverständlich sind. Beim Reisen erfährt man, dass jede Ideologie nur hohler Irrsinn ist und dass die Welt ein Chaos ist, das mit weltanschaulichen Verkürzungen und primitiven Vereinfachungen nicht erfasst werden kann. Das Reisen offenbart uns, dass die einfachen Lösungen, die einem hierzulande für die Weltprobleme angeboten werden, hauptsächlich aus Naivität, Unkenntnis und Vereinfachung gestrickt werden. Reisen ist insofern unverzichtbare Bildung!

Um sich von den simplen Heilsversprechen unserer Ideologen nicht einlullen zu lassen, muss man wissen, wie die Welt aussieht, auf die sie ihre Systeme anwenden wollen. Wer reist, weiß: Es wird nicht funktionieren. Nur wer nie unterwegs war, kann glauben, dass man das gleiche utopische Gesellschaftssystem in Mali, Kambodscha, Bolivien, Kanada, dem Saarland und im Kosovo installieren könnte, es sei denn, dem *traveller* hat eine tückische, bisher unbekannte Hirnkrankheit den Verstand geraubt.

Viele bei uns glauben beispielsweise, im Zeitalter des Klimawandels müsse man die Welt in einer Art grünem Sozialismus neu organisieren, und zwar international und der Utopie der Weltrettung verpflichtet. Das ist sicher ein gut gemeinter Gedanke, nur ist es leider kein Gedanke, sondern ein irrationaler Wunschtraum, dem jegliche praktische Möglichkeit zur Verwirklichung fehlt. Es handelt sich um Idee gewordene Dummheit. Davon haben wir nicht zu wenig. Wer von solchen Wunschgebilden beseelt ist, dem ist wahrscheinlich ein guter Charakter zu eigen, aber ein sehr kleiner Horizont. Reisen erweitert das Denken. Es befreit den Geist von der Enge der Denkstube und konfrontiert ihn mit der Realität.

Ich empfehle Utopisten zur Heilung ein Gespräch mit einem sambischen Geistheiler, einem bhutanischen Kioskbetreiber, einem malischen Aludosen-Schmied oder einem südamerikanischen Lamaföten-Verkäufer. Diese Menschen werden über ganz andere Zukunftsperspektiven berichten. Auch Vietnamesen, Äthiopier, Marokkaner oder Chilenen sehen die Welt in der Regel anders als ein Klempner aus Büseldorf an der Wumme. Utopien sind gefährlich, wenn sie das Utopische ins Feld führen, um das Mögliche zu verhindern. So etwas endet historisch grundsätzlich in Gewalt und Enttäuschung.

Wenn man, wie gerade im Moment, nicht reisen kann, zumindest nicht physisch, dann muss man es im Kopf tun. Ich hoffe, dieses Buch ist eine Hilfe dabei.

Aitutaki – Cook Islands

Wenn man einen Mitbürger fragt, wie wohl eine ideale Urlaubsinsel aussehe, dann würde er Aitutaki beschreiben, auch wenn er gar nicht weiß, wo es liegt und was es ist.

Aitutaki ist das, was man eine Palmeninsel nennt, ein paar Wölkchen machen die Hitze erträglich, und ansonsten gibt es nichts Interessantes über das Eiland zu berichten, außer, dass dort angeblich erst 2011 der erste Banküberfall in der Geschichte der Insel verübt wurde.

Eine Südseeinsel stellen sich viele als das Paradies vor. Weshalb man im Paradies Banken braucht, weiß ich nicht. Schon die Existenz einer Bank lässt mich daran zweifeln, dass Aitutaki das Paradies ist.

Ich glaube, dass es auf so einer Insel zwar einige Tage, vielleicht auch – für besonders genügsame Zeitgenossen – einige Wochen paradiesisch sein kann, weil man in angenehmer Temperatur nichts zu tun hat.

Ich halte aber die bei uns nicht wenig verbreitete Vorstellung vom Paradies als einem Ort, an dem man nichts tun muss, für alles andere als paradiesisch. Ich glaube vielmehr, dass es dem Leben einen Sinn gibt, wenn man etwas zu tun hat. Das muss nicht gleich im lutherschen Sinne Arbeit sein, so weit würde ich nicht gehen. Man kann auch reisen oder Bücher schreiben. Und es gibt viele weitere sinnvolle Beschäftigungen. Waschen, eine Fremdsprache lernen, flippern. Nichtstun aber führt unweigerlich in die Depression.

Pokhara – Nepal

Von den vielen Verkehrsmitteln, mit denen man von einem Ort zum anderen kommen kann, ist der Helikopter das großartigste. Leider lärmt, stinkt und schmutzt er, weshalb man nicht überall landen darf. Ansonsten würde ich überhaupt nicht mehr zu Fuß gehen. Helikopter bringen einen an die entlegensten Plätze der Erde. Der Ort, vom dem aus dieses Foto gemacht wurde, ist zu Fuß überhaupt nicht zu erreichen, schon weil er mitten in der Luft liegt.

Er liegt ungefähr auf halber Strecke von Pokhara zum Annapurna Base Camp, zu dem man im Normalfall eher wandert. Leider ist das Zufußgehen eine sehr langwierige Angelegenheit, und ja, ich weiß: Es hat viele Vorzüge, nicht nur ökologische! Man kommt zu sich selbst, und man hört immer wieder, dass Fußgänger behaupten, die Langsamkeit des Zufußgehens sei ein Vorteil, man sehe mehr und intensiver ... Nein! Man sieht viel, viel mehr mit dem Helikopter. Und kein Blick ist intensiver als der aus einem Fluggerät, das in der Luft stehen kann, um im nächsten Moment, flink wie ein Wiesel, nein, flinker und flexibler als eine Kakerlake, den Ort zu wechseln und neue, nie gesehene Blickwinkel zu eröffnen.

Ich freue mich über jeden Fußgänger in den Bergen, weil er nicht nur die Umwelt schont, sondern auch leise ist. Deshalb aber zu behaupten, zu Fuß zu gehen sei ein größeres Erlebnis, als mit dem Heli zu fliegen, ist betrügerisch! Fliegen ist unübertroffen, zumal in einem Fluggerät, das bei einer Geschwindigkeit von null Kilometern in der Stunde nicht herunterfällt. Von ihm aus sieht man majestätisch in die Täler des Himalaja, so wie es bis vor hundert Jahren nur die Götter konnten. Es ist ein fantastisches, unvergleichliches Fest!

Dettifoss – Island

Die Natur wird eigentlich gern überschätzt. Viele wollen zurück zu ihr, weil sie glauben, dort wäre das Leben besser, natürlicher eben, nicht verfälscht durch die Entartung der Moderne, durch die Verbiegung des Menschen durch die Kultur, so als sei die Kultur nicht Teil der Natur des Menschen. Ich respektiere es, wenn Menschen so einen Blödsinn glauben. Ich muss mich dem ja nicht anschließen.

Seit der Mensch Mensch ist, versucht er, aus der Natur zu fliehen. Schon das erste Haus war ein Versuch, der Natur zu entkommen. Mit Natur verband der Mensch bis zum Beginn des 19. Jahrhunderts hauptsächlich Bedrohliches: Kälte, Krankheit, gefährliche Tiere, das Recht des Stärkeren, Tod. Erst in der Romantik begann der Mensch, die Natur zu schätzen, genau in dem Moment, in dem die Kultur anfing, eine echte Konkurrenz für sie zu werden. Die Industrie entwickelte sich …

Der Dettifoss auf Island ist ein echtes Wahrzeichen der Gewalt, die die Natur entwickeln kann. Da wir ihn in passender Kleidung, ausgerüstet mit den Insignien der menschlichen Naturüberwindung, der Regenjacke mit Kapuze sowie Gore-Tex-Schuhen, betrachten, erscheint er uns erhaben. Wir wissen, er tut uns nichts.

Wir müssen ihm keine Fische entreißen, um am Abend etwas zu essen zu haben. Wir müssen ihn nicht halsbrecherisch überqueren, um vor einer Hyäne zu fliehen oder vor ein paar erbosten Bauern mit Mistgabeln, die aufgrund wissenschaftlicher Bildungslücken glauben, man hätte mithilfe böser Geister die Ernte vernichtet. Solche Vorkommnisse waren früher Alltag.

Heute reisen wir aus Freude. Die Tödlichkeit der tosenden Natur ist für uns nur noch romantische Dekoration. Man fliegt nach Reykjavík, fährt noch ein paar Kilometer, schaut in die Natur und fährt weiter. Das klingt unromantisch, ist aber Bedingung dafür, dass wir Romantik empfinden können.

Djenné – Mali

Nach Djenné kann man heute nicht mehr reisen, es sei denn, es macht einem nichts aus, wenn man auf der Reise massakriert wird. Es herrschen dort unübersichtliche, kriegsähnliche Zustände. Ich persönlich bin empfindlich, wenn es um körperliche Schäden geht. Es ist nicht so, dass ich das Geistige gering schätzen würde, aber ich glaube, dass der Körper nicht unwichtig ist und dass man darauf achten sollte, dass er keinen Schaden nimmt, schon weil ohne ihn auch der Geist keine Heimat mehr hat, während der Körper durchaus ohne Geist auskommt. Gehen Sie doch einmal an einem Samstagabend durch die Düsseldorfer Altstadt, dann erkennen Sie, dass bewusstlose und rein vegetativ funktionierende Körper gar nicht so selten sind …

In Mali hat der Begriff „Geist" eine ganz andere Bedeutung als bei uns. Die Menschen glauben, dass die Ahnen nach dem Tod – eben in Geisterform – weiterexistieren. Das hindert sie nicht daran, strenggläubige Muslime zu sein. Das Spirituelle mit den Begriffen der Logik zu hinterfragen ist an vielen Stellen dieser Welt mühsam, in Afrika ist es weitgehend aussichtslos.

Die Moscheen dort sind aus Lehm gebaut. Sie gleichen damit den Hütten, wirken aber in ihrer Wehrhaftigkeit feierlich. Was die Menschen in ihnen beten, ist für uns westlich denkende Menschen nicht nachvollziehbar. Es ist fremd. Das Schönste am Reisen ist, wenn man das Fremde bestaunt, ohne es verstehen zu müssen. Dann wird die Welt wieder wunderlich, und man staunt. Was für eine Freude.

Hinten links hinter der Moschee konnte ich beobachten, wie auf der Straße eine Ziege geschächtet wurde. Das ist kein schöner Anblick, wenn man ein großstädtisch mitteleuropäisches Verhältnis zu Tieren hat. Aber zu erwarten, die ganze Welt müsse den eigenen Wertvorstellungen folgen, ist eine große Dummheit. Man lernt auf Reisen, dass überall alles anders ist, oft auch sinnlos, ritualisiert, stumpf. Im besten Fall erkennt man unterwegs, dass auch das eigene Leben voller hohler kultureller Setzungen ist, die ebenso unsinnig sind, was man nur bisher nicht gemerkt hat, weil man erst auf Reisen lernt, dass nichts selbstverständlich ist.

Hongkong – China

Hongkong ist ein legitimer Teil Chinas, wenn auch mit Sonderstatus. Das ist im Westen vielen nicht bekannt. Großbritannien hatte das Land für 99 Jahre gepachtet und übersehen, dass auch 99 Jahre endlich sind. 1997 musste Hongkong laut Vertrag zurückgegeben werden. Allerdings war der Kolonialismus da ohnehin schon am Ende. Gut so!

Heutzutage wird sich überall für den Kolonialismus entschuldigt. Das ist nett, aber auch irgendwie seltsam, weil die Kolonialisten in der Zeit des Kolonialismus lebten, also in einer Zeit, in der das Verhalten, Kolonien zu erobern, als normal galt. Das soll keine Lobpreisung des Kolonialismus sein, im Gegenteil, nur ein Hinweis darauf, dass man ein historisches Ereignis aus heutiger Sicht missbilligen kann, dass man aber die Teilnehmer des historischen Ereignisses nicht dafür verurteilen kann, dass sie die heutigen Maßstäbe nicht kannten.

Natürlich ist der Sklavenhandel abzulehnen! Ich lehne auch Kannibalismus ab, Kreuzzüge oder rituelle Massenmorde. Ich erwarte aber von den Nachkommen der Kannibalen, Ritter oder Azteken keine Entschuldigungen. Für den Raubritter war das Rauben normal. Es war sogar explizit Teil seines Arbeitsethos. Und unser ganzes Land sähe heute noch völlig anders aus, wenn sich die ritterlichen Gefolgschaften im frühen Mittelalter anders aufgeteilt hätten. Hätte eine einzige Schlacht, irgendwo, anders geendet, wäre vielleicht heute alles anders. Damals wurden gewaltsam die Grundlagen für das christliche Abendland gelegt – nach heutigen Maßstäben beurteilt äußerst brutal, niederträchtig und verbrecherisch. Ich glaube dennoch nicht, dass sich die Nachkommen der Karolinger dafür entschuldigen oder gar Entschädigungen zahlen müssen. Das Plündern, Brandschatzen oder das Niederbrennen ganzer Dörfer war früher Teil des Alltags. Wir sollten uns darüber freuen, dass es heute in den meisten Fällen zivilisierter zugeht!

Die Menschen damals wussten nichts von Darwin, sie kannten keinen Freud und kein Unterbewusstsein, sie hatten keinerlei Erfahrung mit Menschen anderer Hautfarbe. Diese „Wilden" als gleichberechtigte „Rasse" anzuerkennen wäre ihnen nie in den Sinn gekommen, weil das moderne, aufgeklärte Denken noch nicht erfunden war. Menschen von woanders galten als gefährliche Tiere, das lehrte die Erfahrung aus zahllosen Kriegen.

Es ist auch nicht so, als wäre Kolumbus damals in eine heile Welt eingebrochen. Auch die Kolonisierten pflegten in der Regel Mord und Totschlag als normales Mittel der Politik anzusehen.

Entschuldigungen finde ich persönlich überflüssig. Dazulernen wäre dagegen nicht schlecht. Ich habe großen Respekt vor den Gandhis, Mandelas und Luther Kings dieser Welt, die wussten: Vergebung ist nicht gerecht, aber das einzige Fundament für ein friedliches Zusammenleben.

Kärnten – Österreich

Wuchtige Berge erscheinen uns wie Denkmäler der ungeheuren Naturkräfte, die unseren Lebensraum schufen, Kräfte, die die unseren bei Weitem übersteigen. Aber wenn man genauer hinschaut, waren es in erster Linie beharrlicher Wind und fließendes Wasser, die diese Berge formten, über sehr lange Zeit hinweg. Geduld ist oft effizienter als rohe Gewalt.

Hier oben wachsen Latschenkiefern. Ich weiß nicht, wer diesen Begriff erfunden hat. Mich hat diese Bezeichnung jedenfalls als Kind sehr stark irritiert. In einem kindlichen Geist erzeugt so ein Name Bilder von Bäumen ohne Wurzeln, mit Galoschen aus Filz und geschnitzten knolligen Nasen, verknorpelte grüne Gestalten, die in der Nacht ins Tal schlurfen und dort noch ein paar Zirbenschnäpse picheln, bevor sie ein bisschen schlafen, um dann am nächsten Tag wieder ihre harte Arbeit zu verrichten, das Stehen am Hang.

Das Leben eines Nadelgehölzes knapp unterhalb der Baumgrenze ähnelt stark dem buddhistischen Ideal völliger Bedürfnislosigkeit. Da oben gibt es weder Freude noch Leid, nur Sein an sich. Dass man eine Latschenkiefer deshalb als erleuchtet bezeichnen darf, glaube ich nicht. Ihr bedürfnisarmes Meditieren beruht nicht auf einer freien geistigen Entscheidung, sondern ist nur Wesensmerkmal. Eine Kiefer meditiert nicht. Ein böswilliger Betrachter könnte auch auf die Idee kommen, sie stünde bloß dumm herum und mache gar nichts. Das allerdings kommt dem buddhistischen Ideal schon recht nah. Die Zustände „innere Erleuchtung" und „völlige Verblödung" sind im Grunde für einen neutralen Beobachter kaum zu unterscheiden.

Krakau – Polen

Als diese Basilika, die Marienkirche in Krakau, 1222 fertig wurde, war sie alles andere als fertig. Von Anbeginn wurde immer wieder an ihr herumgefummelt, weil den gerade maßgeblichen Großkopferten wieder irgendetwas missfiel. Das war normal.

Kirchen sind allein schon von der Größe her meist Gebäude, bei denen man nicht leichtfertig entscheidet: „Wir reißen das ganze Gelump nieder und bauen es neu."

Deshalb gibt es in einer Kirche häufig zahlreiche verschiedene Baustile. Als das Romanische den Herrschern plötzlich zu primitiv erschien, wurden gotische Bögen eingebaut, als das plötzlich barbarisch anmutete, bauten sie Renaissance-Altäre vor die Spitzbögen, als das zu spießig erschien, wurde barockisiert. Oft ging irgendwann die Kohle aus, und die Kirche blieb in dem Zustand, in dem sie war, als man noch aus dem Vollen schöpfte. Meist war dies ein Segen für die Nachwelt.

Krakau liegt im Süden Polens, seine Geschichte aber ist eng mit der deutschen verknüpft. Da wir uns seit ein paar Jahrzehnten nicht mehr regelmäßig gegenseitig umbringen, kann man als Deutscher einfach hinfahren und ein bisschen im Historischen schwelgen. Dabei vergisst man leider häufig, dass das Historische extrem viel Unerfreuliches enthält. Ich denke da nicht nur an das 20. Jahrhundert. Die Vergangenheit hält noch andere Plagen bereit als den nationalsozialistischen Rassenwahn. Früher wurde man von der Pest heimgesucht, vom Hunger dahingerafft, vom Krieg zerbröselt oder von Räubern überfallen. Wenn wir uns das ein bisschen öfter in Erinnerung riefen, würden wir uns über unsere friedliche Nachbarschaft ein bisschen häufiger freuen.

Ladakh – Indien

In Ladakh im Nordwesten Indiens gibt es kein Fleisch, keinen Alkohol und keinen GPS-Empfang. Ob das alles irgendwie zusammenhängt, wird einem nirgendwo erklärt. Der Chang-La-Gebirgspass, der das Industal mit Tibet verbindet, ist 5.360 Meter hoch und keine Fernstraße im deutschen Sinne. Es gibt auch keinen Radweg. Durch steile Berge schlängelt sich ein Band, auf dem sich wie Zirkuselefanten verkleidete Lastwagen mit drei Kilometern in der Stunde nach oben quälen.

Auf der Passhöhe gibt es ein Schild, dass man wegen Sauerstoffarmut in der Höhenluft nicht länger als zwanzig Minuten verweilen sollte. Wir blieben von vormittags bis zum späten Abend, denn vor uns hatten sich zwei Lastwagen in einer Schneewehe verkantet. Nach indischer Sitte fahren dann die folgenden Wagen in großer Zahl so nah auf, dass an ein Entknoten der Situation nicht mehr zu denken ist. Man steht, gestikuliert und wartet auf Hilfe von oben. Als die Nacht anbrach, kam das Militär und räumte, schob Autos über Geröll und Hänger in den Abgrund. Dann ging es wieder voran.

Dankbarkeit ist ein schönes Gefühl, wenn sie tief empfunden wird. Mit jedem Meter bergab schwanden Kopfschmerz und Schwindel. Langsam rollte die Welle der stinkenden Karren den Berg hinab. Über die lange Schlange mehrheitlich stark stinkender Kraftfahrzeuge staunten die am Wegrand stehenden Tibet-Wildesel. Wir wollten nicht mit ihnen tauschen. Auch wenn es nur langsam vorwärts ging, im Auto waren wir sicher vor tibetischen Wölfen und Schneeleoparden. Das ist ein unterschätzter Vorteil des automobilen Individualverkehrs.

Meroe – Sudan

Auch der Sudan würde gerne vom Tourismus profitieren. Leider ist das Land politisch gesehen ein finsteres Loch. Nicht einmal bargeldloser Zahlungsverkehr mit dem Ausland funktioniert. Ein jahrzehntelanger Bürgerkrieg, gelegentliche Militärputsche und der Sezessionskrieg mit dem Südsudan ziehen Reisende nicht gerade in Scharen an. Auch kommt es vor, dass Frauen ausgepeitscht werden, weil sie Hosen trugen. In einem solchen Land liegt man ungern in der Sonne, selbst wenn das Wetter schön ist, wenngleich sehr heiß. Um null Uhr in der Nacht zeigte das Thermometer im Auto eine Außentemperatur von fünfzig Grad Celsius an. Tröstend sei gesagt: Es wird auch tagsüber nicht heißer.

Mitten in der Wüste, am oberen Nil gelegen, bauten die Könige von Kusch ihre Pyramiden.

Dieser Ort ist eine Sensation. Als Tourist hat man ihn ganz für sich allein, denn auch wenn ein optimistischer Sudanese uns Souvenirs verkaufen wollte („alles original"), es findet so gut wie niemand dorthin.

Natürlich hat uns der Souvenirverkäufer auch darüber informiert, dass der Sudan zwischen 400 vor und 350 nach Christus, als diese Bauten entstanden, ein großes Königreich war, weit wichtiger als Ägypten. Und dass es nur der perfiden lügnerischen westlichen Geschichtsschreibung zu verdanken ist, dass Meroe nicht als Wiege der menschlichen Kultur gilt. Warum widersprechen? Jeder sieht alles anders.

Perito-Moreno – Argentinien

Am Perito-Moreno-Gletscher fließen Ausläufer des südlichen Eisfeldes, des größten Gletschergebiets der Südhalbkugel außerhalb der Antarktis, in den Lago Argentino, einen Süßwassersee zwischen Chile und Argentinien. Man kommt dorthin über eine lausige Geröllpiste, die ab und zu vom Regen unbefahrbar ist. Dann muss man eine Woche irgendwo warten. Man befindet sich dann buchstäblich dort, wo man metaphorisch schon häufig war: in der Pampa.

Auch Benzin sollte man genügend dabeihaben. Manchmal geht es aus. Dann bilden sich an den Tankstellen Autoschlangen bis zum Horizont, und man verbringt seine Reise mit Warten. Wir sind nachts um vier Uhr aufgestanden, weil man uns sagte, dass die Tanksäulen dann frei sind, haben getankt und uns nachher wieder hingelegt. Die Argentinier wissen, dass dies jede Nacht so ist, stellen sich aber trotzdem am nächsten Morgen lieber wieder in die kilometerlange Schlange. Im Gespräch lobten sie uns für unsere deutsche Effizienz und die famose Idee des Nachttankens, zogen es aber selbst vor, weiterhin von 07:00 bis 24:00 Uhr ein Teil des endlosen Bandes der Wartenden zu sein. Der Gedanke, selbst nachts aufzustehen, um kurz zu tanken, und dann weiterzuschlafen, kam jedenfalls unseres Wissens niemandem. Die Menschen sind rätselhaft.

Wenn die Gletscher kalben, knackt es, das Eis bricht mit einer spektakulären Arschbombe ins eiskalte Wasser und erzeugt eine eindrucksvolle Welle, die Boote hüpfen lässt und ungebremst über den See rollt. Touristen stehen dann am Ufer, merken zu spät, dass da etwas auf sie zukommt, und sind nachher froh, dass die Welle sie zwar eingenässt, aber nicht in den Eissee gezogen hat. Dann sieht man Menschen in nassen Klamotten, die stark frieren, aber trotzdem dankbar sind. Schön!

Petra – Jordanien

In Petra in Jordanien haben sich die Nabatäer-Könige ihre Gräber in den Fels schlagen lassen. Das hat vermutlich viel Mühe gekostet. Und es steht zu befürchten, dass die Arbeitsbedingungen damals nicht vergleichbar waren mit denen eines mittelständischen Familienbetriebes in Baden-Württemberg. Heute bewundern Touristen die monumentalen Grabhöhlen: Menschen, die zu Hause im Leben nicht darauf kämen, einen Friedhof zu besichtigen, wahrscheinlich, weil diese in Böblingen oder Salzgitter auch erheblich weniger spektakulär sind.

Etwa in der Mitte zwischen dem Golf von Akaba und dem Toten Meer gelegen, war Petra schon zu Lebzeiten der Nabatäer vor über 2.000 Jahren ein furztrockener Ort. Aber man verstand sich bereits damals auf Wasserwirtschaft. Petra war eine künstliche Oase. Als wir vor Ort waren, kam das Wasser allerdings aus den Wolken. Das kommt dort nicht allzu oft vor. In Afrika hätte man uns für Regengötter gehalten. Im arabisch-islamischen Kulturkreis ist das leider nicht üblich.

Bevor Corona alles lahmlegte, kamen die Besucher in Scharen. Natürlich ging es ihnen nicht um die Totenwache. Kein Tourist betrachtet seinen Besuch in Petra als sakralen Akt zur Ehre der Verstorbenen. Wahrscheinlich fehlte den Nabatäern die Imagination, um sich vorzustellen, dass ihre Gräber einmal von Geografielehrern, Ergotherapeuten oder Yogalehrerinnen als Sehenswürdigkeit betrachtet würden. Die Könige wollten mit der Errichtung der gigantischen Totenstadt vermutlich ihre absolute Herrschaft über den Tod hinaus verlängern. Die meisten der heutigen Besucher wissen nicht mal mehr ihre Namen. Auch ich habe sie vergessen. Sie hießen Aretas und Malichus, das kann kein Mensch behalten.

Pjöngjang – Nordkorea

Eine Reise nach Nordkorea ist keine Reise, es ist ein Gefängnisbesuch. Man wird in Pjöngjang am Flughafen in Empfang genommen und durch das Land geführt. Seitenblicke sind illegal. Der Mann vom Geheimdienst sorgt dafür, dass man immer in die richtige Richtung guckt, zeigt einem, was man zu fotografieren hat, und erklärt dann ohne Unterlass, warum die Menschen in Nordkorea glücklicher sind als überall anders auf der Welt, nämlich weil sie keinerlei Individualität mehr besitzen, ihr Leben ein einziges Ritual zum Lobpreis des Kommunismus ist und alle schon deshalb gleich sind, weil jede Ungleichheit als Anschlag auf das Gemeinwesen verfolgt wird.

Das hat der große Führer Kim Il-sung gemacht, der das Land auf den leuchtenden Pfad führte, und sein Sohn und nach dessen Tod sein Enkel führten das Werk fort, obwohl Dynastienbildung eigentlich nicht zum Kernprogramm des Kommunismus gehört. Die Kims haben das Land vor verbrecherischen Aggressoren aller Couleur bewahrt. Sie haben dem Imperialismus die Stirn geboten. Die Wehrhaftigkeit des Volkes, die dem militärischen Drill vom Kindbett bis zum Totenbett zu verdanken ist, hat bewirkt, dass nun alle glücklich sind, auch wenn niemand glücklich aussieht, weil ein Lächeln als Schwäche im Kampf gegen die Schurken zu deuten wäre. Natürlich ist das Glück der Nordkoreaner nicht mit unserem zu vergleichen. Glück ist ja das Gefühl eines Individuums. Das aber gibt es im Kommunismus nicht.

Weil das Volk so glücklich ist, braucht es weder Internet noch Nahrungsvielfalt oder Auslandsreisen. Die im Bild zu sehende rhythmische Volksgymnastik, für die das Land früher bekannt war, wurde indessen ebenfalls abgesagt. Wahrscheinlich verbrauchte sie zu viele Kalorien, die man besser im revolutionären Kampf verbrennen sollte. Als westlicher Ausländer, der auch schon mal in der Öffentlichkeit auftritt, wurde ich vom perfekt deutsch sprechenden stellvertretenden Tourismusminister durch das Land geleitet. Er erklärte mir, dass er es als Glück empfinde, in einem Staatswesen wie dem erleuchteten Nordkorea leben zu dürfen, nahm aber trotzdem gern zehn Dollar an für einen großen Sack voller Jakobsmuscheln, den er offensichtlich illegal besorgen konnte. Die Muscheln wurden auf einer benzingetränkten, brennenden Fußmatte erhitzt, bis der Sprit ausging, dann sofort serviert. Herrlich. Es blieb die einzige nennenswerte Mahlzeit dort.

Rio de Janeiro – Brasilien

Janeiro heißt Januar. Das vorneweg.

In der guten alten Zeit galt eine Reise an den Zuckerhut als Inbegriff des mondänen Tourismus. Heute muss man überall in der Stadt damit rechnen, auf offener Straße erschossen zu werden. Brasilien hätte das Potenzial, das reichste, schönste und bezauberndste Land der Erde zu sein. Die alte Tradition, dort die korruptesten Säcke, die skrupellosesten Verbrecher und die dreistesten Lügner an die Spitze des Staates zu wählen, hat das verhindert und ins Gegenteil verkehrt. Brasilien ist ein Land voller rechtsfreier Räume und selbstverständlicher Gewalt. Man hat es dort geschafft, aus einem der faszinierendsten Orte der Welt eine Gangsterhöhle zu machen.

Das ist den Menschen im Allgemeinen natürlich nicht vorzuwerfen. Bei uns im Rheinland sagt man: Es gibt solche und solche. Das gilt auch für Brasilien. Und im Übrigen auch für den Rest der Welt. Reiseberichte beginnen ja gern mit den Worten: „Die Menschen dort …" Es folgt dann meist eine recht dümmliche Vereinfachung, weil, wie gesagt: Es gibt überall solche und solche …

In Brasilien durfte ich dabei sein, wie weißgekleidete Damen Gott gesucht und gefunden haben. Sie tranken Schnaps aus der Flasche, rauchten dazu fette Zigarren und drehten sich im Kreis. Irgendwann fiel die erste um und geriet in eine Art Trance. Mich wunderte das nicht. Mich hätten weit weniger Alkohol, Qualm und Schwindel umgeworfen. Die regelmäßig ausgeübte spirituelle Praxis sorgte offenbar dafür, dass die Damen einiges vertrugen. Sie waren fest der Meinung, dass nun ein Geist Kontakt aufgenommen hätte. In der Folge wurde einiges mit dem Boten aus dem Jenseits besprochen, dann war das Ritual beendet. Für mich war das Ganze kein Beweis für die Existenz körperloser, spiritueller Wesen, aber das kann man natürlich auch anders sehen, vor allem, wenn man sich vorher anständig einen eingeschenkt hat.

Die Menschen dort in Brasilien sind übrigens unfassbar lebensfroh und freundlich, wenn sie einen nicht gerade erschießen. Wunderbar!

Salar de Atacama – Chile

In der Atacama-Wüste regnet es ausgesprochen selten. An einzelnen Stellen teilweise jahrzehntelang nicht. Als wir dort fürs Fernsehen drehten, sagte ich in die Kamera: „Hier hat es seit vielen Jahren nicht geregnet." In diesem Moment hatten wir einen Tropfen auf der Kameralinse. Unfassbar. Es war nicht gerade ein beeindruckender Platzregen, aber immerhin: Regen. Niemand hat uns geglaubt, dass die Aufnahme echt war. Deswegen wiederhole ich die Geschichte hier, einfach um zu betonen, dass man mir durchaus glauben kann.

Hier im Salar de Atacama, ernähren sich die Flamingos von kleinen roten Krebsen, die dafür sorgen, dass sich ihr Gefieder rosa färbt. Gott sei Dank geht die Farbe des Essens beim Menschen niemals auf die Haut über. Sonst würde ich mir Spinat in Zukunft sparen. Grün steht mir nicht.

Auf dem Weg von San Pedro de Atacama nach Antofagasta kommt man an alten Friedhöfen vorbei. Hier wurde einst Salpeter abgebaut, einer der Grundstoffe zur Herstellung von Schwarzpulver. Als die künstliche Herstellung von Salpeter erfunden wurde, war die Industrie von einem Moment auf den anderen pleite. Die Dörfer wurden fluchtartig verlassen, die Friedhöfe zurückgelassen. Heute sind die Gräber offen, man sieht Füße, einige noch in Schuhen. Die Hitze hat die Körper ausgedörrt und teilweise mumifiziert. Wer gern Zombiefilme schaut, aber die Kosten für den Streamingdienst scheut, kann sich hier eine geballte Ladung der gewünschten Bilder abholen. Ganz umsonst, wenn man von den Reisekosten absieht.

Sabi Sabi – Südafrika

Jahrtausende lang haben Menschen wilde Tiere in erster Linie als Feinde gesehen. Heute haben wir ein ganzheitliches Verständnis von Natur. Wir wissen, dass es ohne sie nicht geht, und dass jedes Lebewesen eine wichtige Rolle spielt im Kreislauf des Lebens. Das hindert uns jedoch nicht daran, ab und zu einmal eine Mücke zu zerdrücken. Man muss auch Grenzen setzen.

Dass wir dabei ganz nebenher und beiläufig über „wertes" und „unwertes" Leben entscheiden, wird uns selten bewusst. Das ist aber auch gut so. Selbst wenn wir im Fall der Stechmücke aus bloßer Intuition ein Leben auslöschen, muss man sagen: Auch dieses Verhalten ist Teil unserer Natur. Und die Drecksviecher haben es allemal verdient.

Wir entscheiden uns aus einem uns innewohnenden vernünftigen Instinkt heraus gegen die Stechmücke, weil sie das Tier ist, das weltweit die meisten Menschen tötet. Sie ist das gefährlichste Raubtier der Welt. Kein Mensch würde ein Rhinozeros auf der eigenen Stirn zerdrücken, weil er Angst hat, es könnte ihn stechen. Dabei sind auch Rhinozerosse gefährliche Tiere. Aber sie setzen sich nicht in der Dämmerung auf das Handgelenk, saugen Blut und hinterlassen zum Dank für das köstliche Abendessen Viren und Parasiten.

Zu Recht fährt kein Mensch in andere Kontinente, um Mücken in freier Wildbahn zu beobachten. Das ist beim Rhinozeros anders. Aus gutem Grund! Es schwirrt nicht um einen herum, sondern posiert malerisch in der Landschaft, vorausgesetzt, man hält Abstand und reizt die Viecher nicht. Wir sollten dieses Verhalten schätzen!

Salzburg – Österreich

In Salzburg wurde Wolfgang Amadeus Mozart geboren. Das wird einem dort auch mitgeteilt. Ständig und überall. Es gibt das Mozartgeburtshaus, Mozartkugeln, Mozartmenüs, Mozartkonzerte, eine Mozartwoche, das Mozarteum und wahrscheinlich auch einen Mozartbaumarkt und einen Mozartrohrreinigungsservice. Mozart selbst kann nichts dafür. Er ist tot. Was von ihm übrig ist, ist nun im Besitz von ganz Salzburg. Und da er im Leben wohl jede Menge Schulden gemacht hat, fühlt sich heute jeder Salzburger berechtigt, posthum ein bisschen Geld aus ihm herauszuquetschen.

In Salzburg ist alles barock. Die Stadt ist verschnörkelt. Das ist sehr schön! Sich in Salzburg zurechtzufinden, ist allerdings nicht ganz einfach. Wenn man von der Siedlerstraße in die Turnerstraße einbiegt und dann rechts die Albrecht-Dürer-Straße durchläuft bis zum Ende, trifft man auf die Schillinghofstraße, wo es ebenfalls nichts zu sehen gibt. Dann hat man sich weit außerhalb des Stadtzentrums verlaufen.

Am besten geht man dann eine Eierspeise essen. Man sagt, darin sei der Österreicher Experte. Ob dies auf jeden einzelnen Österreicher zutrifft, kann ich nicht beurteilen. Aber wenn man bedenkt, dass Salzburg einmal das Verwaltungszentrum der keltischen Alaunen im Königreich Noricum war, dann ist es erstaunlich, dass sich dort eine Küche entwickelt hat, in der es Gerichte gibt wie Kaiserschmarrn oder Marillenknödel. Das sind Speisen, bei denen die Kalorienzahl in keinem Verhältnis zum Nährwert steht, die aber derart durch ihren Geschmack beeindrucken, dass einem dieses Manko völlig egal ist. Man stellt sich einfach vor, dass auch Mozart all dies mit Begeisterung gegessen hat, und eifert ihm nach.

Es sollte aber an dieser Stelle nicht verschwiegen werden, dass Mozart auch recht früh gestorben ist, mit 35, und dass niemand genau weiß, woran. Angeblich starb er am „hitzigen Frieselfieber". Ich habe keine Ahnung, was das ist. Wahrscheinlich heißt es in Salzburg heute „das Mozartfieber". Es wäre ihm zu gönnen.

Sanaa – Jemen

Als es noch keinen Bürgerkrieg im Jemen gab, sah es dort einmal für kurze Zeit so aus wie auf diesem Foto. Die UNESCO hatte dafür gesorgt, dass Sanaa aufgeräumt und hergerichtet war, einheitlicher Baubestand, Lehmhäuser, eine wunderbare Altstadt, wie es auf der Welt keine zweite gab. Aber dieser Zustand währte nur kurz.

Im Jemen ist traditionell häufig Krieg. Verschiedene Stämme bekämpfen sich, weil sie das friedliche Zusammenleben im Kompromiss ablehnen. So war es immer. Solange es auf dieser Welt Stämme gibt und der Kompromiss geringgeschätzt wird, wird man sich gegenseitig bekriegen. Im 19. und 20. Jahrhundert waren es die Nationalstaaten, die sich gegenseitig überfielen und beraubten. Heute gibt es auf der Welt vielschichtige Identitäten, nicht mehr nur ethnische und religiöse, sondern auch politische, religiöse, sexuelle oder kulturelle. Identitäten sind Wir-Gruppen. Sie sind die Stämme des 21. Jahrhunderts. Rechte Identitäre beschwören immer noch den völkischen Stamm, aber auch Linke benutzen den Begriff der Identität zur Abgrenzung. „Identität" wird von allen politischen Rändern als Kampfbegriff benutzt: von allen, die den Menschen nicht als Individuum betrachten, sondern als Teil einer unteilbaren Masse, einer Kampfgemeinschaft, also nicht in erster Linie als Mensch, sondern als Mitglied des Kollektivs.

Im Jemen kämpfen schiitische und sunnitische Identitäre gegeneinander. Das Geld dafür kommt von den verfeindeten Nationen Saudi-Arabien und Iran. Der Krieg wird im Namen von Ehre, Rache und Gott geführt auf dem Rücken der Menschen, denen die Bildung fehlt, um zu erkennen, dass sie als Kanonenfutter missbraucht werden. Es ist die alte Geschichte. Der Jemen ist ein uraltes Land. Er gibt der alten Geschichte einen würdevollen Rahmen. Die Altstadt von Sanaa, einstmals einer der schönsten Orte der Welt, existiert nicht mehr so, wie sie auf diesem Foto aussieht. Das ist sehr traurig, aber in Arabien war Zerstörung schon immer ein wesentlicher Teil des Wandels. Der zivilisierte Mensch bemüht sich im Idealfall darum, Wandel auf friedlichem Wege durch Ausgleich zu erreichen, er teilt nicht in Identitäten, sondern akzeptiert die Verschiedenheit der Einzelnen. Das ist für politische oder religiöse Radikale keine Option. Für sie ist Zivilisiertheit kein Argument.

Annapurna – Nepal

In der Natur gibt es Dinge, die wirken erstaunlich robust. Berge gehören dazu. Sie erzeugen in uns den Eindruck, sie wären ewig. Das ist so nicht richtig.

Der Mensch hat eine Lebensspanne von nicht einmal einem Jahrhundert. Deshalb ist er nicht in der Lage, Veränderungen wahrzunehmen, die Jahrtausende brauchen, um sichtbar zu werden. Wir sehen das Schwappen der Wellen auf dem Ozean, das Wachsen und Erodieren der Gebirgsketten aber nehmen wir nicht wahr, weil es die Zeitspanne unseres Lebens sprengt. Und doch existiert es.

Im Grunde schwimmen auch die dünnen tektonischen Platten der Erdkruste auf dem Magma des Erdinneren, sie bilden kräuselnde Wellen und spiegelglatte Flächen, wie das Meer. Nur geht das Ganze sehr langsam vor sich, sodass wir es nicht wahrnehmen. Wahrscheinlich ist das ein Vorteil, weil ein zeitgenössisches Katasteramt völlig überfordert wäre, wenn die Grundstücksflächen hin- und herschwappen würden wie der Pazifik an einem Tag mit mittlerer Windstärke.

Wenn wir auf Berggipfel gucken, blicken wir auf Wellenkämme, die ein paar Millionen Jahre brauchen, um zu brechen. Das hat den Vorteil, dass wir ihnen in Ruhe zuschauen können. Herrlich.

Peking – China

Peking ist ein riesiger Moloch mit weit über zwanzig Millionen Einwohnern. Wenn so viele Menschen zusammenwohnen, kann das nur funktionieren, wenn nicht jeder in einem Einfamilienhaus mit großem Vorplatz wohnt. Nur in der verbotenen Stadt, dem ehemaligen Kaiserpalast, kann man in Peking noch Wohnhäuser sehen, wie es sie bei uns heute in den Randbezirken von Meppen oder Pforzheim gibt. Dort lebt man heute noch wie früher der Kaiser von China, mit viel Platz, ohne Wohnung drüber und Porzellan im Wandschrank.

In China gilt es heute als Ausweis von Wohlstand, wenn man in einem Hochhaus lebt, das man eigentlich nicht verlassen muss. In vielen Hochhäusern gibt es auch Arbeitsplätze, ein Fitnessstudio, Einkaufscenter, Friseur und einen Haustierbedarfshändler. Man muss dann nicht mehr vor die Tür. Richtig zufriedene Eigentümer verlassen das Haus erst wieder zur eigenen Beerdigung. Das gilt in China als komfortabel.

Als die Menschen noch in kleinen Häusern lebten, in „Hutong" genannten engen Gassen, war es weniger angenehm. Deutsche Chinareisende bedauern in der Regel, dass die Chinesen diese wunderbaren kleinen Häuschen abreißen ließen, um angeblich seelenlose Hochhäuser zu bauen. Aber in den Hutongs gab es weder fließend Wasser noch eine Toilette. Noch vor etwa fünfzehn Jahren hat man mir erklärt, dass ein Wasserklosett für viele Hutong-Bewohner als erstrebenswerter, aber kaum zu realisierender Luxus gilt. Die Menschen nutzten damals, wie ich selbst noch beobachten durfte, hölzerne Kübel als Fäkalienbehälter, die man am Nachmittag für die Leerung vor die Tür stellte. Als romantisch denkender Westler ist man traurig, dass der schöne Beruf des Kotkübelabholers ausgestorben ist. Als Chinese dagegen genießt man die Wasserspülung im 31. Stock und den schönen Blick über die Stadt.

Eilean Donan Castle – Schottland

Was viele bei uns nicht wissen: Nicht jeder Schotte lebt als Arbeiter mit schwarzen Fingernägeln in Glasgow oder als wohlerzogener Adeliger in einer Schlossruine. Außerdem spukt es dort nicht.

Und wo wir gerade beim Thema Wahrheit sind: Zum Ungeheuer von Loch Ness wird der jeweils größte Wels im See gewählt, der den Titel bis zu seinem Tod behält. Dann wird ein neues Tier auserkoren, das nur selten an die Oberfläche kommt und Pudel verschluckt, die zu nah ans Ufer gehen.

Weitere Klischees:

– „Der Schotte ist geizig." Das stimmt. Keiner hat mir auf der ganzen Reise Geld geschenkt. Allerdings habe ich, so hoffe ich zumindest, auch nicht bedürftig gewirkt.

– „Schottland ist rau." Das stimmt, zumindest überall da, wo es nicht glatt ist.

– „In Schottland regnet es immer." Diese Behauptung ist unwahr. Es gab mehrere Minuten Trockenheit, in denen das Gras der Highlands schlagartig gelb wurde. Dann setzten Hagel, Graupel, Starkregen, Niesel und Nebel wieder ein und alles ergrünte wieder wie von Zauberhand.

– „Schottland ist nicht England." Diese Aussage ist völlig richtig. Frankreich ist übrigens auch nicht Spanien. Und Bolivien nicht Japan. Merken Sie sich das ruhig! Vertrauen Sie mir!

Machu Picchu – Peru

Der Quechua Machu Picchu, was auf Deutsch so viel heißt wie „Alter Gipfel", ist eine Inka-Bergstadt im Dschungel der Anden von Peru. Sie liegt in circa 2.400 Metern Höhe, was sehr angenehm ist, weil sie sich zwar auf einem Berg befindet, aber erheblich niedriger als die Stadt Cusco, die, keine hundert Kilometer entfernt, fast allen Besuchern als Ausgangspunkt dient. Cusco liegt auf zwischen 3.400 und 3.600 Höhenmetern, und wenn man dort mit dem Flugzeug landet, merkt man, dass man etwas kurzatmig ist. Das hielt mich nicht davon ab, erst einmal in die Berge zu fahren, die um die Stadt herumliegen. Von dort aus hat man fantastische Blicke. Man springt aus dem Auto und fotografiert, steigt wieder ein und springt wieder hinaus. Am Abend wird man dafür als Idiot, der noch nie eine Höhenkrankheit hatte, mit beißendem Kopfschmerz bestraft. Dieser Kopfschmerz lässt erst wieder nach, wenn man in flacheres Gelände fährt. Machu Picchu ist insofern das effektivste Heilmittel gegen die Höhenkrankheit.

Man kann Machu Picchu auf mehreren Wegen erreichen: zu Fuß über den Inka-Trail oder mit dem Zug, einem alten Kolonialgerät mit dem Charme des Orientexpress, in dem zweifelhafte Gestalten musizieren und schlechtes Essen serviert wird. Aber der Kopfschmerz lässt nach, Kilometer für Kilometer, es ist herrlich. Der Inka-Trail dagegen führt über die Berge nur langsam abwärts und verlängert das Gefühl von Kotze im Kopf.

In allen Fällen landet man am Ende in Aguas Calientes, was so viel heißt wie „Warme Wasser", einem Kaff am *Rio Urubamba*. Der Ort hat ungefähr 4.000 Einwohner, von denen 5.000 davon leben, Panflöten, Ponchos oder folkloristische Tonträger zu verkloppen. Das kann man ihnen nicht vorwerfen. In den peruanischen Bergen gibt es wenige Möglichkeiten für Leute, die vorhaben, It-Girl oder Influencer zu werden. Deshalb versuchen junge Menschen dort gerne, CDs zu verkaufen, auf denen mit der Panflöte gespielte Abba-Songs zu hören sind. Reichtum ist dementsprechend selten.

Bender – Moldawien

Ob der Ort Bender wirklich in Moldawien liegt, darüber gibt es verschiedene Ansichten. Wie auch in anderen ehemaligen Staaten der Sowjetunion, so halten auch in Moldawien russisch orientierte Streitkräfte einen Teil des Landes besetzt mit der Begründung, dort würden Volksgenossen leben, die man habe heim ins Reich holen müssen. Das ist keine gute Begründung, wir Deutsche wissen das. Wir haben es durch unsere Geschichte gelernt. Die Bundeswehr verzichtet heute aus gutem Grund darauf, Mallorca zu besetzen. Nicht nur, weil sie als Eroberungsarmee nicht taugt, auch nicht, weil wir Deutsche Kriege traditionell verlieren und unsere Armee gar nicht über wesentliche Bestände funktionstüchtiger Waffen verfügt, sondern aus völkerrechtlichen Gründen, aus grundsätzlicher Ablehnung völkischer Expansionsmodelle und aus Höflichkeit. So etwas tue man nicht, sagte meine Mutter immer. Die russische Erziehung ist aber offenbar weniger bürgerlich als meine.

Transnistrien heißt der besetzte Landstrich, ist de facto ein eigener Staat, verfügt unter anderem über eine eigene Regierung, Währung und Verwaltung und besitzt sogar eigenes Militär. Aber niemand hat dieses Land, das unter dem Namen Pridnestrowische Moldauische Republik firmiert, jemals anerkannt, zu Recht und aus gutem Grund. Man kann nicht einfach ins Nachbarland einmarschieren und glauben, der Rest der Welt akzeptiere das. Selbst wir Deutsche haben das inzwischen gelernt.

Auf dem Bild ist eine ehemalige sowjetische Hafenstation zu sehen. Weite Teile Transnistriens sehen nicht besser aus. Der Entwicklung eines Landes sind militärische Abenteuer selten förderlich.

Cascais – Portugal

Nachdem ich mich etwa hundert Meter vom Parkplatz meines ollen Opel Astra in Richtung Meer entfernt hatte und mich umschaute, sah ich, wie zwei obskure Gestalten die Türe meines Mietwagens mit einem Akkubohrer bearbeiteten. Sie wollten die Karre offenbar möglichst geräuschvoll öffnen, weil sie sich sicher fühlten. Schreiend lief ich auf die beiden zu, ungeachtet der Tatsache, dass ich gegen zwei mit Sicherheit gewaltbereite Verbrecher keine Chance gehabt hätte. In meiner Spontaneität hatte ich nicht bedacht, dass ich, einmal am Wagen angekommen, keinerlei Handlungsalternativen besaß, außer dumm zu gucken und zu warten, dass man mich verhaute. Der Mensch neigt im Affekt zur Idiotie.

Zu meiner Überraschung ergriffen die beiden die Flucht, anstatt mich, den schimpansenartig Laute ausstoßenden, heranlaufenden Vollhonk einfach zu erwarten und fertigzumachen. Wie dämlich meine Vorgehensweise war, wurde mir erst später klar. Niemand war überraschter als ich, dass meine Taktik, das Maul ohne jede Erfolgsaussicht ganz weit aufzureißen, aufgegangen war. Hier offenbart sich eine sportliche Erkenntnis: Man kann auch mit einer extrem dummen Taktik gewinnen, wenn sie geeignet ist, dem Gegner völlig unberechtigte Angst einzujagen.

Ein Loch im Schloss der Fahrertüre meines Mietwagens blieb zurück. Es kostete mich die Selbstbeteiligung der Vollkaskoversicherung. Erst später fiel mir auf, dass der Wagen völlig leer gewesen war.

Wenn man von Cascais nach Lissabon zurückfährt, kommt man durch Belém, der Heimat der *Pastéis de Nata*, für die allein es sich lohnt, ein paar tausend Kilometer zu reisen. Das ist jetzt kein besonders origineller Insidertipp, denn das Gebäck aus Blätterteig und Pudding gilt als örtliche Spezialität, ist also alles andere als ein Geheimtipp. Aber für mich gab es in den vier Wochen, die ich in der Stadt verbrachte, nichts Schöneres, als mit dem Teilchen in der Hand und einem Espresso herumzustehen, auf den Tejo zu starren und zu genießen, dass es keinen weiteren Versuch gab, meinen Wagen aufzubohren.

Inle-See – Myanmar

Um eine Pagode kann man herumgehen, bitte immer im Uhrzeigersinn, alles andere macht schlechtes Karma! Ein Stupa bietet zusätzlich die Möglichkeit, einzutreten. Drinnen sitzt meistens ein Buddha und erwartet Ihren Besuch. In einem Tempel befinden sich ebenfalls mindestens ein, meistens aber eine ganze Reihe verschiedener Buddhas, und man kann im Raum um den Haupt-Buddha herumgehen. So. Nun kennen Sie die drei verschiedenen Arten von Sakralbauten im buddhistischen Kulturkreis.

Am Inle-See gibt es nicht nur einen Haufen meist malerisch verfallener Stupas, sondern auch Bootsfahrer, die mit einem Bein rudern, schwimmende Gärten aus Pflanzen, die im Wasser wurzeln, und Dengue-Mücken.

Wenn man, wie wir, zufälligerweise zum Wasserfest in Myanmar ist, muss man eine Woche lang damit rechnen, ständig mit Wasser übergossen zu werden, teilweise aus Eimern, teilweise aber auch aus Feuerwehrschläuchen, die so viel Wasser raushauen, dass man einen Elefanten damit umwerfen kann. Eine Kamera sollte, wenn überhaupt, dann nur für möglichst wenige Sekunden aus ihrer wasserdichten Tüte genommen werden, denn das Wasser kommt grundsätzlich überraschend, von oben, hinten, der Seite und vorn, oft in dieser Reihenfolge. Auf wertvolle Gegenstände oder Kleidung wird keinerlei Rücksicht genommen. Es empfiehlt sich, die nassen Klamotten am nächsten Tag wieder anzuziehen, da man ohnehin nach nur wenigen Sekunden wieder eingenässt wird. Als inkontinenter Tourist erlebt man eine unbeschwerte Woche.

Wer darauf besteht, trocken bleiben zu wollen, sollte das Land in den Tagen des Wasserfestes lieber verlassen.

Río Santa Cruz – Argentinien

Ein einsamer Knochen am Wegesrand ist kein vertrauenerweckendes Symbol für einen Fremden, aber man sollte ihn auch nicht zu ernst nehmen oder als Zeichen interpretieren, es sei denn, man wähnt sich in einem schlechten Western von 1956.

Wir hatten eine Übernachtung gebucht, auf einer Estancia mitten in der Pampa. Als uns Google Maps ankündigte, dass wir unser Ziel erreicht hätten, standen wir auf freiem, flachem Feld, in allen Himmelsrichtungen kein Zeichen menschlicher Zivilisation, die nächste Ortschaft so weit entfernt, dass selbst in der finstersten Ferne kein Licht zu sehen war. Erst spät erkannten wir in der Dämmerung, dass abseits der Straße ein Schild auf dem Boden lag. Es verriet, dass irgendwo in der Richtung, in die das Schild, als es noch stand, zeigte, ein Haus zu finden war. Ein Pfeil war zu sehen, darunter Buchstaben, handgemalt, unleserlich.

Wir stellten das Schild an den rechten Rand der Straße und kombinierten, wohin es gedeutet haben könnte. Eine ausgetretene Linie auf dem Boden konnte als Feldweg gedeutet werden. Nach wenigen Kilometern mit dem Geländewagen fanden wir ein Haus, das zwar nicht unbedingt bewohnt aussah, aber weit und breit die einzige Hütte war, die als unser Ziel infrage kam. Wir klopften. Nach wenigen Minuten wurde geöffnet. Wir wurden erwartet. Es gab Lammkoteletts und Internet. Der Rauch des Grills vertrieb die Insekten. Wir hatten eine gute Nacht.

Jagdish – Indien

Für Indienreisende gibt es nur zwei Möglichkeiten: Entweder man bricht die Reise entsetzt ab und schwört sich, nie wieder einen Fuß auf den Subkontinent zu setzen, oder man ist fasziniert und will so schnell wie möglich wieder hin. Gleichgültige, die die Frage „Wie finden Sie Indien?" mit „So lala …" beantworten, gibt es kaum.

Ich reise sehr, sehr gern nach Indien. Ich gehöre nicht zu der Art von Touristen, die als Erstes die Hunde retten und dann die Strukturen des Landes verbessern wollen. Ich halte es nicht für meine Aufgabe, als Fremder überall die Standards aus der Heimat durchzusetzen. Und ich kenne meine Grenzen und habe sie akzeptiert. Natürlich nehme auch ich wahr, dass in Indien einiges im Argen liegt. Aber ich habe weder die Hybris noch den Egozentrismus zu glauben, ich könne oder müsse das Land ändern. Ich komme als Reisender, nicht als Erlöser. Ich stürze nicht um, ich staune.

In Indien existieren Probleme, die vielen Menschen bei uns unvorstellbar erscheinen. Dennoch gibt es dort wahrscheinlich weit mehr öffentlich sichtbare Gelassenheit als bei uns. Man lernt in Indien, dass das Gemüt mehr einer inneren Haltung folgt als äußeren Einflüssen. Stress entsteht nicht im Kalender, sondern im Kopf.

Diese beiden Herren haben ihren Lebensinhalt vermutlich darin gefunden, im Tempel zu sitzen. Der Gruß ist aufrichtig. Dennoch wird auch gern ein bisschen göttlicher Segen gegen Geld angeboten. Man sollte das nicht als korrupt abqualifizieren. Das Leben ist ein Geben und Nehmen. Und vielleicht kann man in Indien lernen, dass wir denen, die nehmen, dankbar sein können, weil sie es uns ermöglichen, uns als Geber zu fühlen.

Kalahari – Botswana

Wenn man sich vor Sonnenaufgang, also bevor die Erdmännchen das Haus verlassen, um sich in der Morgensonne aufzuwärmen, an den Ausgang eines Erdmännchenbaus setzt, dann akzeptieren die Erdmännchen die Anwesenheit als Selbstverständlichkeit. Sie respektieren die Welt so, wie sie ist, wenn sie morgens das Haus verlassen. Natürlich sollte man dennoch nicht aufspringen und „Erdmännchen, wie geil ist das denn?!" brüllen. Distanzlosigkeit wirkt auf jedes Tier verstörend.

Angemessen besonnenes Verhalten vorausgesetzt, hat man die Möglichkeit, zwischen den noch meditativ dastehenden Tieren zu sitzen und ihnen dabei zuzusehen, wie sie posieren, als würden sie auf den Bus warten. Ihre Ruhe jedoch ist kein Ausweis innerer Gelassenheit, sondern der Körpertemperatur geschuldet, die sich im Bau über Nacht in der Kälte der winterlichen Kalahari abgesenkt hat. Die Sonne bringt die Tiere wieder auf Temperatur.

Während ich mit ausgestreckten Beinen auf dem kleinen Hügel saß, lehnte sich ein Erdmännchen an meinen Schuh, verlor das Gleichgewicht und fiel um, wahrscheinlich, weil die Sohle ihm zu wenig Halt gab. Ich glaube trotzdem nicht, dass es sich lohnen würde, in Deutschland ein neues Qualitätssiegel zu etablieren mit der Aufschrift: „Geeignet als Stehhilfe für Erdmännchen." Man kann es mit der Tierliebe auch übertreiben.

Miami Beach – USA

In den USA gilt eine Krankenversicherung als kommunistische Idee, und die Bürger haben einen zynischen Borderliner zum Präsidenten gewählt. Trotzdem kümmert man sich auch dort ums Überleben der Menschen, wenigsten dann und wann, am Strand zum Beispiel.

Der Lifeguard, der hier *on duty* ist, wacht über die Schwimmenden. Vielleicht verfügt er, so kennen wir es zumindest aus dem Fernsehen der achtziger Jahre, über einen gestählten Körper, läuft, wenn ein Notfall weit draußen zu erkennen ist, in Schallgeschwindigkeit zum Ufer, springt über die ersten fünf bis zehn Wellen hinweg ins Wasser, krault wie ein Raddampfer und rettet eine in Not Geratene, die meist über ein extrem hübsches Gesicht und große sekundäre Geschlechtsorgane verfügt. Sie trägt dazu einen Bikini, der den Namen nicht verdient. Er verdeckt nicht, er preist an. Das sieht man in dem Moment, in dem unser Hüne das Mädchen ohne jede Anstrengung an Land trägt wie ein Angler seine frisch gefangene Forelle. Der Lebensretter tröstet die in ihrer Verstörung so bezaubernd kindlich wirkende Schönheit mit einem lässig, aber selbstbewusst geäußerten: „Ich tat nur meine Pflicht", dann denkt er noch kurz darüber nach, ob nun ein Kuss angebracht wäre, bemerkt aber, dass so ein Verhalten sexistisch wäre, schämt sich ob seiner zwar nicht in der Realität, doch im Geiste bereits vollzogenen Unsittlichkeit und kehrt zurück auf seinen Hochstand.

Nichts wünscht er sich sehnlicher, als dass der nächste Notfall ein Mann oder eine sehr unattraktive Frau ist. Aber auch dieser Gedanke ist sexistisch, gleich aus dreierlei Gründen: Er ist homophob, misogyn und transfeindlich, weil in seinen Fantasien diversgeschlechtliche, sexuell fluide Menschen überhaupt keine Rolle spielen. Aber wie entkommt man seinen Gedanken?

Ich weiß es nicht. Natürlich nicht! Sonst käme mir so eine sexistische Fantasie überhaupt nicht in den Sinn! Vielleicht ist der*die Lebensretter*in ja intersexuell, verfügt gar nicht über ein Sixpack, sondern über eine Wampe, und liest Sartre. Dabei übersieht er/sie das winkende Großmütterchen (man beachte den sächlichen Artikel!) und macht sich so auf völlig harmlose, ungeschlechtliche Art schuldig. Ich weiß es doch nicht.

Varanasi – Indien

Wenn man es sich als Hindu leisten kann, fährt man zum Sterben nach Varanasi, dem ehemaligen Benares, um sich dort verbrennen und die Asche in den heiligen Fluss Ganges streuen zu lassen. Nirgendwo sonst ist die Chance so groß, den schier endlosen Kreislauf aus Tod und Wiederkehr zu verlassen, indem man in das Nirwana einkehrt, den Ort, an dem die Erleuchteten genießen, nicht ständig wiedergeboren zu werden. In Varanasi soll der Himmel offener sein als überall sonst. Ich hoffe, ich habe das richtig verstanden …

Ich persönlich glaube eher weniger an ein Leben nach dem Tod, kann es aber auch nicht ausschließen. Dafür müsste ich wissen, ob das Bewusstsein eine Erfindung meines Gehirns ist oder ob mein Bewusstsein erfunden hat, dass ich einen Körper habe. Diesen Nachweis hat noch keiner erbracht. Ich glaube, es war Kant, der in seiner kopernikanischen Wende feststellte, dass wir im Erkennen das Ding unserer Erkenntnis erst erschaffen, also natürlich nicht die Dinge selbst im physischen Sinne, aber die Dinge, wie sie uns erscheinen.

Psychologen wissen, dass unser Ich eine fragile Konstruktion ist. Manche Körper bieten Wohnung für mehrere, teilweise so exakt getrennte Persönlichkeiten, dass die eine von der anderen nichts weiß. Die eine Person ist möglicherweise Fliesenleger, die andere Serienmörder. Dann stellt sich strafrechtlich die Frage, wie man eine von zwei in einem Körper lebenden Persönlichkeiten zur Verantwortung ziehen kann. Die Antwort ist: gar nicht. Deshalb enden solche Verfahren meist mit einer Einweisung in eine Psychiatrie. Wie komme ich jetzt darauf? Wahrscheinlich, weil ich mir Gedanken darüber gemacht habe, ob es möglich sein könnte, dass ein Mensch mit gespaltener Persönlichkeit einfach bei der Wiedergeburt zweimal „hier" gerufen hat.

Kant würde sagen: „Es lohnt sich nicht, darüber nachzudenken." Da hätte er recht.

Venedig – Italien

Venedig lag vor 10.000 Jahren etwa achtzig Meter über dem Meeresspiegel. Viele werden jetzt denken: Wie furchtbar! Das muss ein Geraffel gewesen sein, jeden Abend die Gondeln eine achtzig Meter hohe Böschung hochzuziehen! Nein, war es nicht. Der Tourismus war damals noch nicht stark entwickelt, weil der Mensch gerade erst sesshaft wurde – und das auch nicht in Venedig, sondern etwa 3.000 Kilometer weiter südöstlich. Mit anderen Worten: Der Mensch war noch Nomade, also ganzjährig Tourist, zog aber nicht um die Welt, um sich Sehenswürdigkeiten anzuschauen, sondern um zu jagen und zu sammeln.

Vielleicht irre ich mich aber auch. Unsere Kenntnisse der Frühzeit der Menschheit beruhen auf vielen Spekulationen. Mit der weit entfernten Vergangenheit ist es fast schon so wie mit der Zukunft. Nichts Genaues weiß man kaum. Noch vor fünfzig Jahren dachte man als Tourist, Venedig würde untergehen, weil es die Tauben zuscheißen. Heute weiß man: Es gibt schlimmere Bedrohungen. Nicht nur der steigende Meeresspiegel sollte die Erdgeschossbewohner der Lagune aufschrecken. Die Stadt sinkt auch noch langsam ein.

Das ist zwar unerfreulich, sollte uns aber auch daran erinnern, dass nichts wirklich ewig ist. Die Erdplatten bewegen sich, und wo gestern noch Meer war, ist heute ein Gebirge. Heute droht uns – das ist inzwischen wissenschaftlich klar belegt – die Erwärmung des Klimas. Ich finde das besser als eine neue Eiszeit. Es ist aber trotzdem unerfreulich. Den Untergang Venedigs wird der Klimawandel beschleunigen.

Aber: Weit davon entfernt, den Vorgang bagatellisieren zu wollen, werden wir damit leben lernen müssen. Wahrscheinlich wird die AIDA in fünfzig Jahren mitten durch die Markuskirche *cruisen*, die leicht schimmeligen Goldgrundmosaike anstrahlen, kurz tuten und zum Anlegen nach Mailand weiterfahren. Den Kindern an Bord wird es egal sein. Bis dahin sind die *smartphone screens* in die Hornhaut implantiert. Da gibt es immer etwas Interessantes zu sehen.

Walker Bay – Südafrika

An meinem 50. Geburtstag fuhren wir zum Haitauchen hinaus. Ich dachte damals, Fünfzig sei ein Alter, in dem man relativ sicher sein kann, dass die Haie jüngeres Fleisch wählen. Dieser Gedanke war falsch. Er setzte voraus, dass ein Hai in der Lage wäre, abzuwägen. Weit gefehlt! Die Viecher sind dümmer als Roggenbrote. Sie beißen einfach in alles und warten ab, was passiert.

Beim Haitauchen wird ein Käfig mit den Tauchern ins Wasser gelassen und vor dem Käfig ein Köder ausgelegt, meist ein blutiger Thunfischkopf oder etwas Ähnliches. Der Hai riecht das Blut. Er kommt. Man hätte auch einen Autoreifen mit Blut einreiben können, der Hai wäre darauf hereingefallen. Wahrscheinlich wäre ihm der Unterschied nicht einmal aufgefallen. Unfassbar! Sie merken schon: Ich habe meinen Respekt vor den großen Meeresjägern gänzlich verloren – und zwar exakt an meinem 50. Geburtstag.

Wir standen im Haikäfig im Wasser, der Thunfischkopf wurde ins Wasser geworfen. Der Hai schwamm herbei und schnappte danach, allerdings zu spät. Kurz bevor der Hai zubiss, war der Köder aus dem Wasser gezogen worden. Der Hai drehte ab und entfernte sich. Wenige Sekunden später wurde der Köder wieder ins Wasser geworfen. Der Hai näherte sich erneut, schnappte zu spät, drehte wieder ab, Köder wieder ins Wasser, Hai zurück, Köder raus, Hai zu spät, schwimmt wieder weg, rein, Hai, raus, Hai weg … Immer wieder, immer gleich … Und wieder. Und wieder.

Mehrere Stunden ging es so weiter. Beim Hai war keinerlei Lernprozess festzustellen. Offensichtlich haben sich bei Haien alle Zellen, die sich zu Hirn hätten entwickeln können, dafür entschieden, ins Gebiss umzuziehen. Wie gesagt: Mein Respekt ist dahin. Trotzdem würde ich auch beim nächsten Mal nicht ohne Käfig ins Wasser gehen. Man weiß nie, ob die Viecher nicht doch einmal einen Geistesblitz haben.

Wien – Österreich

Wien ist museal. Im besten Sinne. Es ist ein lebendiges Museum, ein morbider Kunstraum, ein Objekt, das man betreten kann. Nicht nur das hier abgebildete MAK, das Museum für angewandte Kunst – was immer das sein soll –, sieht aus, wie aus der K.u.k.-Zeit gefallen. Das Kunsthistorische Museum ist eine Pracht, das Naturhistorische Museum ein feudaler Prachtbau aus Prunk und Protz und enthält eine Art Arche Noah ausgestopfter Fauna. Der aristokratische Ehrgeiz, ein ganzes Reich toter Tiere zu sammeln und nebeneinander zum freudigen Anschauen aufzubahren, ist wahrscheinlich exakt das, was man „wienerisch" nennt.

Direkt außerhalb des Zentrums beginnt der Balkan. Die Farbe blättert, und wenn dazu der Putz bröckelt, stört das niemanden. Mein erstes Hotel in Wien lag neben der Manner-Fabrik. Manner-Schnitten sind eine Keks-Schokolade-Komposition, die ihresgleichen sucht, vielleicht nur vergleichbar mit den schweizerischen „Kägi fret". Jeden Morgen wachte ich auf in einer Wolke aus Kakao und Gebackenem, schnüffelnd begann der Tag, genießerisch und voller Sehnsucht auf irgendetwas Schweres, Süßes. In der Realität sollte man nicht auf die Nährwerttabelle auf der Rückseite der Verpackung blicken. Sonst ist es mit dem Glück schnell vorbei.

Rangun – Myanmar

Myanmar ist buddhistisch. Das ist keine touristische Information, die man vor Ort sofort wieder vergisst. Man spürt in jedem Winkel, dass es den Menschen in spirituellen Dingen ernst ist. Spirituell bedeutet übrigens etwas anderes als religiös. Man kann spirituell sein, ohne an Gott zu glauben. Buddhismus kommt ohne einen Gott aus und ist gar keine Religion in dem Sinne, es ist eine Philosophie. Buddha ist ja für Buddhisten ein ganz normaler Mensch, nur eben erleuchtet, also vielleicht ein bisschen das, was Lionel Messi in Barcelona ist. Er ragt heraus, und man eifert ihm nach in der Gewissheit, ihn nicht erreichen zu können. Verstehen Sie mich nicht falsch! Ich will Messi nicht mit Buddha vergleichen! Buddha hat spirituell weit mehr zu bieten. Dafür ist Messi schneller, selbst mit Ball am Fuß.

Ich bin kein religiöser Mensch. Aber mir gefällt die Idee, dass alles, was man auf Erden tut, irgendwann auf einen zurückwirkt. Im Buddhismus gibt es für jedes Handeln Karmapunkte, ein bisschen wie bei Payback. Alles, was ich schaffe, füge ich dem Ganzen hinzu. Ich bin damit ein genauso wesentlicher Teil der Schöpfung wie alle anderen auch. Diese Idee hat so gar nichts mit den üblichen spiritistischen Wahnsinnigkeiten der Weltreligionen zu tun. Sie ist faktisch richtig.

Ich glaube allerdings nicht an Wiedergeburt auf höherer oder niedrigerer Stufe. Aber im übertragenen Sinne ist es eine Tatsache, dass unser ganzes Handeln auf die Zukunft einwirkt und deshalb jede noch so kleine Tat Wirkung weit über den Tod hinaus hat, so wie ein kleiner Windhauch Wellen in Gang zu setzen vermag, die man nie wieder aufhalten kann. Ein schöner Gedanke. Er macht verantwortungsvoll!

Wenn Sie nicht glauben, dass Nachdenken im Geist des Buddhismus zur Erleuchtung im Sinne von Erkenntnis führen kann, dann schauen Sie dem Kind vom Betrachter aus gesehen rechts auf dem Foto in die Augen. Danach wissen Sie mehr.

Victoria Falls – Sambia

Ein Wasserfall ist eine romantische Angelegenheit. Warum, ist schwer zu erklären, man muss es spüren. Im Prinzip ist ein Wasserfall nicht mehr als eine physikalische Selbstverständlichkeit. Er besteht aus Wasser, dass der Schwerkraft entsprechend und aufgrund plötzlich eintretender Bodenlosigkeit in die Tiefe fällt. Physikalisch ist das nicht aufregender, als wenn Wasser, der Schwerkraft entsprechend und aufgrund leicht abschüssigen Bodens, geradeaus fließt. Wenn der Boden überhaupt nicht abschüssig ist, wird der Fluss zum See. Beim Sambesi ist das nicht anders.

Normalerweise sollte man annehmen, dass ein Wasserfall einen Berg hinunterfällt. Das ist bei den Victoriafällen nicht der Fall. Sie fallen aus der fast planen Ebene in einen beinahe zwei Kilometer langen Ritz in der Erde. Und fließen von dort aus durch einen Canyon ab.

Das sieht nicht gerade aus wie der Bach von nebenan. Der Besucher ist beeindruckt.

Sogar die Mücken fühlen sich angezogen. Der Wasserdampf, der aus der Ritze hochsteigt, bildet in der Hitze das perfekte feuchtwarme Klima für Dengue- oder Malariamücken. Die Viecher scheren sich einen Dreck um das spektakuläre Naturereignis. Sie finden es normal, dass Wasser in den großen Schlitz kippt, und konzentrieren sich auf die Touristen, die sie effektiver aussaugen als die örtlichen Hotelbetriebe.

Man sollte sich deshalb einschmieren, bevor man mit den Hippos gemeinsam den Sonnenuntergang auf dem Sambesi mit einem Gin Tonic in der Hand genießt. Man braucht keine Malaria, um sich an einen Tag da unten zu erinnern.

Dubai – Vereinigte Arabische Emirate

Dubai ist der vielleicht zweitkünstlichste Ort der Welt. An erster Stelle steht für mich immer noch Las Vegas. Wer dort einmal die Rialto-Brücke mit der Rolltreppe hochgefahren ist, weiß, dass kein Imitat so schäbig sein kann, dass es nicht Amerikaner gäbe, denen es gefällt …

In Dubai ist auch alles irgendwie seltsam. Man ist zwar formal in einem Emirat, also im arabisch-islamischen Kulturraum, hat aber die Möglichkeit, Ski zu fahren, im Unterwasserrestaurant zu speisen oder Prostituierte zu bestellen. Über Letzteres wird allerdings nicht gern gesprochen, ebenso wenig wie über die Wein- und Whiskeykarte. Ich bin ja froh über jede Inkonsequenz auf der Welt. Es waren die Konsequenten unter den Menschen, die Weltkriege angefangen und die Welt in Schutt und Asche gelegt haben. Die Inkonsequenten haben darauf verzichtet, lieber ausgeschlafen oder gesagt: „Ach, heute lieber nicht …" Sehr sympathisch.

Wahrscheinlich wird Dubai irgendwann der perfekte Ort sein, um menschliche Hybris zu dokumentieren. Die auf Sand gebaute Stadt muss man schon heute mit großem Aufwand davor bewahren, ins Meer geschwemmt oder zu einer Wüste zu werden. Und wer geglaubt hat, die Immobilienpreise würden sich endlos exponentiell in die Höhe entwickeln, hat wahrscheinlich viel Kohle im wahrsten Sinne des Wortes in den Sand gesetzt. Zu Recht, wie ich meine.

Noch jede in ihrer Zeit als unfassbar reich und unsterblich geltende Dynastie hat irgendwann den Abstieg angetreten. Und es will mir nicht in den Kopf, dass die meisten Menschen immer noch glauben, die gerade herrschenden Verhältnisse wären normal und das Ende der Geschichte. Alles fließt, sagte Heraklit, sogar das Geld, und zwar immer von einem Portmonnaie ins nächste …

Burgenland – Österreich

Man denkt, dass Österreich als Land in seiner Gesamtheit senkrecht steht. Das ist so nicht richtig. Da, wo es flach daliegt, wird gern Wein angebaut, damit die Menschen dort, wo es steil ist, etwas zu trinken haben. Das ist eine sehr sinnvolle Maßnahme.

Lange Zeit dachte man, Wein aus Österreich sei gepanscht, ein glykolhaltiges Gebräu aus Rebenresten und Läuse-Urin. Das war selbst in schlechten Zeiten nicht vollständig zutreffend. Heute ist der Wein aus unserem Nachbarland in der Weltspitze angekommen. Das liegt an den Winzern. Danke dafür. Im Gegensatz zu der im Marxismus postulierten Maxime, dass alles in der Geschichte den ökonomischen Interessen der Klassen geschuldet und der Fortschritt unausweichlich ist, sind es am Ende doch die Individuen, die den Unterschied ausmachen.

Ein Cuvée aus Blaufränkisch, Cabernet Sauvignon und Merlot, ein Wein, der sich am Gaumen stoffig, mineralisch und elegant präsentiert, kräftig und würzig daherkommt und im Abgang tragende Tannine und Geschmack nach roten Kirschen aufweist, sowie eine angenehm salzige Mineralik, ein solcher Wein lässt sich nicht mit dem Profitinteresse des Winzers allein erklären und mit seiner Skrupellosigkeit, mit der er die arbeitende Klasse um die Teilhabe an den Produktionsmitteln betrügt. Man braucht auch noch ein bisschen Liebe zum Wein und einen Hauch von individuellem Antrieb, sowie Kreativität und Interesse am beruflichen Vorwärtskommen.

Es hat sich beispielsweise in Simbabwe gezeigt, dass die Enteignung der Farmen und die Verteilung des Landes an die Parteigänger Mugabes nicht zu größerem Wohlstand oder gar zur Existenzsicherung der armen Bevölkerung beigetragen haben. Ebenso war es in Venezuela, Kuba, der Sowjetunion und überall da, wo das sozialistische System ausprobiert wurde. Das mit der sozialistischen Verteilung hat noch nie hingehauen. Auch in der DDR gab es keinen Wein, der trinkende Arbeiter in einen Obstgarten mit reifen Erdbeeren und Herzkirschen, Cassis und dezent süßen Gewürznuancen entführt hätte, außer vielleicht, wenn man damals über Schillinge verfügte oder Verwandtschaft im Burgenland oder Niederösterreich hatte.

Jaipur – Indien

Um die Erdkugel reisend stellt man schnell fest, dass das, was man bisher zu Hause für Normalität gehalten hat, keineswegs selbstverständlich ist. Die Erdoberfläche hat keine Mitte, in der das offensichtlich Richtige beheimatet ist, während es an den Rändern mit zunehmendem Abstand immer seltsamer wird.

Aber fast überall auf der Welt halten die Menschen den Ort und die Kultur, in der sie leben, für das Normale. Abweichungen gelten als verrückt, böse oder gefährlich, oft auch alles zusammen. Es ist offenbar ein fundamentaler Bestandteil des menschlichen Bewusstseins, sich selbst als „richtig" und den anderen als „falsch" wahrzunehmen.

Wenn die Menschen überall gleich leben würden, wäre das nicht gut. Stellen Sie sich nur vor, alle würden in Häusern wie diesem hier wohnen! Es ginge den Stuckateuren gut, aber die Hersteller von Klimaanlagen wären pleite. Dieses Haus heißt nicht umsonst „Palast der Winde". Es hat 953 vergitterte Fenster, durch die die Luft zirkuliert und für angenehme Temperaturen sorgt, auch wenn draußen die indische Hitze brütet.

Das *Hawa Mahal*, so der indische Name, beherbergte übrigens den Harem des örtlichen Herrschers. Die Anzahl der Fenster lässt darauf schließen, dass dieser zur Angeberei neigte oder außergewöhnliche Virilität aufwies. Mir wären so viele Damen, ich sage es lieber offen und ehrlich, zu anstrengend. Das ist nicht frauenfeindlich. Im Gegenteil! Es geht mir darum, darauf hinzuweisen, dass es im Leben auch vom Guten zu viel geben kann.

Jerusalem – Israel

Mein erstes Hotel in Jerusalem, im Jahr 1986, war ein schlimm verseuchtes Loch. Aber es war billig. Das war damals für mich als armen Studenten das alles überragende Qualitätsmerkmal, das in der Lage war, die meisten anderen Trümpfe – auch im hygienischen Bereich – auszustechen.

Wenn man das Licht löschte, raschelte es. Dann wurden die Wände schwarz. Man konnte es noch sehen, wenn man das Licht wieder anstellte. Dann zogen sich die schwarzen Flecken, die aus mir unbekannten Insekten bestanden, zurück wie ablaufendes Wasser. Die Viecher verschwanden in der Wand, deren Konsistenz der von Streuselkuchen ähnelte. Etwas Ähnliches habe ich erst sehr viel später in den Harry-Potter-Filmen gesehen.

Ich beschloss, die Nacht außerhalb des Zimmers auf dem großen Balkon zu verbringen, nahm die Matratze aus dem Bett, legte sie hinaus auf einen Tisch und mich darauf. Wach wurde ich vom Klappern der Teller. Ich hatte am Abend vorher nicht ahnen können, dass das, was vor meinem Fenster lag, die Frühstücksterrasse war. Um mich herum frühstückten die schmerzfreien Gäste, denen es vielleicht nicht einmal wunderlich vorkam, dass ich zwischen ihnen lag, auf einer improvisierten Bettstatt und komplett nackt unter einer dünnen Decke. Ich schälte mich aus dem Bett, bemüht, wesentliche Teile meines Körpers zu verdecken, und zog mich zunächst in mein Zimmer zurück, ging dann gemeinsam mit ein paar Kakerlaken zur Dusche auf dem Gang und machte mich und die Viecher frisch für den neuen Tag.

Heute freue ich mich, wenn die Anzahl der Tierarten im Hotel die des Berliner Zoos nicht übersteigt. Man wird anspruchsvoller im Alter, nicht anmaßend oder hochnäsig, aber doch dankbar für die Einhaltung hygienischer Standards.

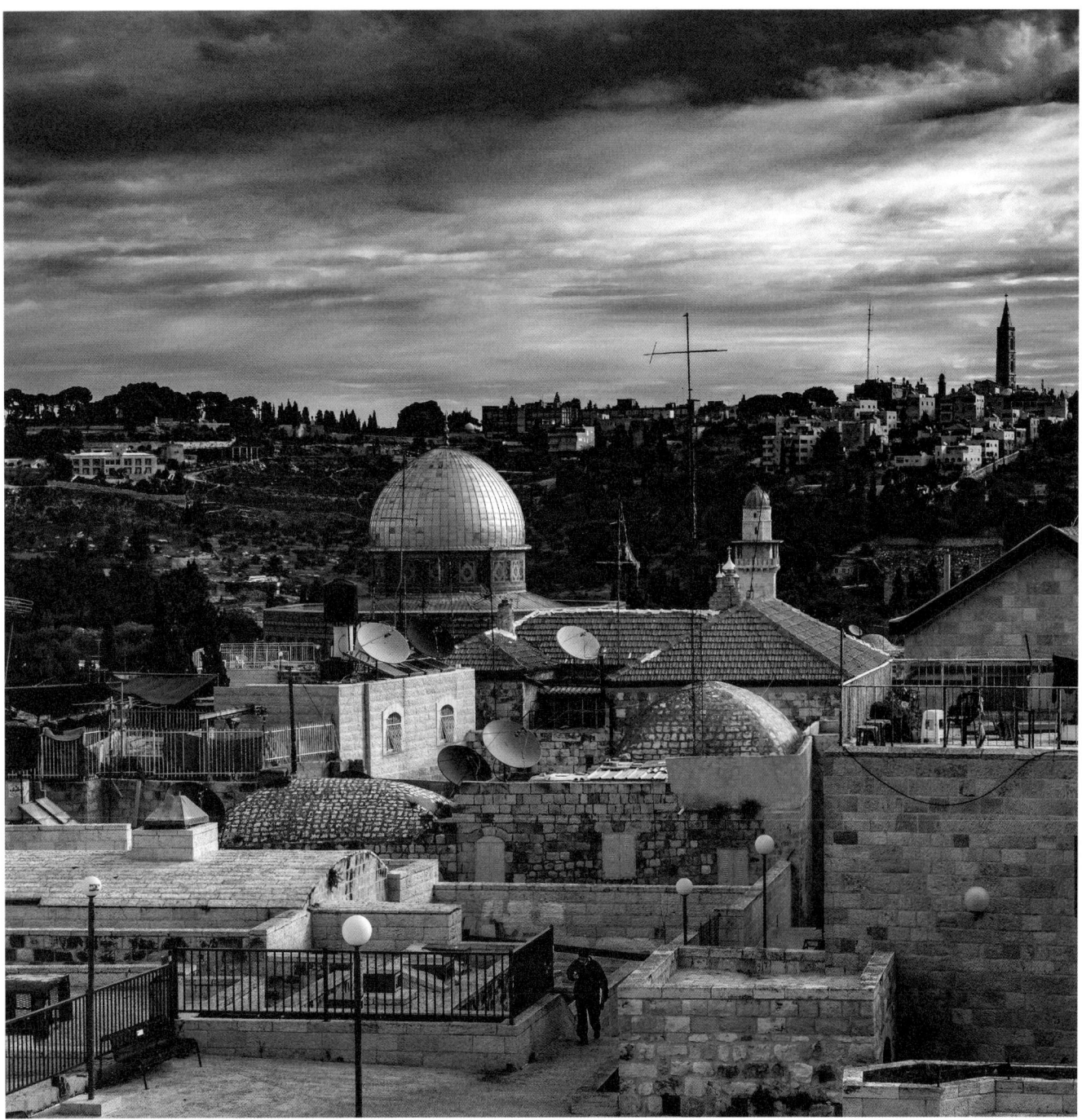

Svidník – Slowakei

Ein wesentlicher Teil jeder Reise ist die neugierige Begutachtung der örtlichen Architektur.

Sie galt in alter Zeit als eine der Künste. Aber schon in der Antike war es nur wenigen vergönnt, sich nach ästhetischen Gesichtspunkten gestalteten Wohnraum leisten zu können. Das ist im postsowjetischen Kulturraum nicht anders. Hier in Svidník sieht es zwar ungefähr so aus, wie man sich früher sozialistisches Bauen vorgestellt hat, aber volkseigene Feierstimmung will beim Betrachter dennoch nicht aufkommen.

Der Sozialismus hat einige ästhetische Verheerungen hinterlassen. Vieles sieht ähnlich aus wie die Sozialarchitektur der sechziger Jahre bei uns im Westen. Das Hochhaus gilt bei uns seither als seelenlose Aufbewahrungskiste für menschliche Leiber. Da bei uns sogenannte „Sozial Schwache" in den sechziger Jahren in hochgebauten Massenunterkünften untergebracht wurden, in denen einmal pro Woche der Aufzug brannte, galt das Prinzip Hochhaus in der Folge als wohntechnisch unbrauchbar oder, wie es der Volksmund ausdrückte, als „asi".

In New York oder Shanghai dagegen ist das Hochhaus für den Wohnungsbesitzer eine Delikatesse. Andere wohnen im Zelt, in einer Höhle, in einer Bambushütte, einem Haus aus Getränkedosen, auf dem Schiff, im Hotel oder gar nicht. Das Erstaunlichste am Reisen ist, dass überall alles anders ist und dass das, was einem hier als unmenschlich vorkommt, woanders als besonders erstrebenswert gilt. Dem einen gilt es als unvorstellbar, bei der Arbeit in Wind und Wetter den Naturgewalten ausgesetzt zu sein, der andere hält ein Leben im geheizten Büro für einen menschenverachtenden Wahnsinn. Einige ziehen bei zwanzig Grad minus in dicken Pelzen durch die vereiste Landschaft und schlafen abends im Zelt, während man ein paar tausend Kilometer weiter südlich mit Kamelen durch die Hitze der Wüste von Wasserloch zu Wasserloch reitet. Der Mensch ist wie eine Kakerlake: Er kann überall wohnen.

Wie das der Svidníker sieht, konnte ich nicht rausbekommen. Es war niemand draußen.

Titicaca – Bolivien

Der Titicaca-See liegt zwischen Peru und Bolivien und ist der größte Süßwassersee Südamerikas. Er liegt auf 3.812 Metern Höhe auf der bolivianischen Seite, während das Gewässer auf peruanischem Staatsgebiet fast 4.000 Meter hoch liegt, was dasselbe ist, sich aber beeindruckender anhört. Im Hintergrund sieht man die Anden. Warum es der Mensch schön findet, auf die zusammengefaltete Erdkruste zu starren, ist nicht leicht zu erklären. Vielleicht muss man es aber auch gar nicht analysieren. Ich find's auch toll.

Ich war auf der bolivianischen Seite unterwegs. Das ist leichter gesagt als getan. In Bolivien ist Gewalt gegen Fremde nicht selten. Das Gleiche gilt im Übrigen für Gewalt gegen Frauen und Kinder. Schwächere an sich gelten vielen als minderwertig. Sie haben es verdient, gehauen zu werden. Man wird das Gefühl nicht los, dass die Zivilisation im Land an einigen Stellen noch Nachholbedarf hat.

Ich lernte eine Frau kennen, der ihr Ex-Mann mit dem Knüppel auf den Schädel schlug, bevor er sie verließ. Da dies aber in der Millionenstadt El Alto kein bedauerlicher Einzelfall ist, sondern nicht ganz unüblich, war sie nicht weiter verwundert. Dafür hatte sie auch keine Zeit. Eine Familie ohne Mann durchzubringen, ist nämlich in Boliviens Armenvierteln nicht leicht, aber auch keine Seltenheit. Das ist dann übrigens nicht, wie man bei uns reflexartig vermutet, ein Fehler des Kapitalismus oder ein Erbe des Imperialismus, sondern schlichtweg „natürlich". Es kostet zivilisatorische Energie, den Menschen dazu zu bringen, moralische und juristische Normen einzuhalten. Und an vielen Orten der Welt gelingt es nicht.

Ein weiteres Beispiel aus Bolivien? Gerne. Meistens liegen Geschäfte, die das Gleiche verkaufen, in Bolivien nebeneinander. Es gibt ganze Straßen, in denen überall die gleichen Möbel, Töpfe oder Lamaföten verkauft werden. Wenn einer der Geschäftsleute durch besonderes Geschick erfolgreicher ist als die anderen, wird ihm gern der Laden zerstört, weil er offensichtlich Dämonen oder Hexerei zur Gewinnsteigerung verwendet. Das ist der Warenfluktuation wenig förderlich. Aber so ist der Mensch. Er ist eben nicht nur *Homo oeconomicus*. Und oft ist ihm Missgunst wichtiger als das eigene Vorankommen.

Yap – Mikronesien

Was Sie auf diesem Foto sehen, ist eine Münze. Da sie größer ist als ich und sehr schwer, ist sie nicht leicht zu entwenden. Das ist ein Vorteil. Der Nachteil ist: Sie passt nicht ins Portemonnaie. Deshalb diente das Steingeld auch nie als alltägliches Zahlungsmittel. Es wurde eher selten und vor allem im Immobilientausch eingesetzt.

Auf Yap wurden Häuser in der guten alten Zeit mit steinernen Kringeln bezahlt. Vor jedem alten Gebäude steht ein großer Mühlstein mit Loch und zeigt an, dass das Haus abbezahlt ist. Man musste den Stein mühsam auf der Nachbarinsel aus dem Fels schlagen und auf die Insel transportieren. Dann wurde er vor das Haus gestellt. Diese Arbeit war so hart, dass man darauf verzichtete, Wohnungsunternehmer zu werden oder häufig umzuziehen. So kam es, dass jeder ein Haus hatte, und die Hauspreise gleichblieben. Ein Haus kostete exakt einen Stein-Donut.

Das funktioniert ökonomisch exakt so lange, wie die Bevölkerung den Platz auf der Insel nicht knapp werden lässt, also so lange der Raum ausreicht und man in archaischen Verhältnissen lebt, ohne Kinderarzt, VDSL oder Polyestersocken. Wirtschaft wird ja überhaupt erst dann zum Problem, wenn Waren knapp werden. Solange das nicht der Fall ist, kann man jedem Marktteilnehmer sagen: Nimm, so viel du brauchst. Leider sind die meisten Waren, die westliche Menschen erstreben, nicht unendlich verfügbar, weder Bluetooth-Boxen, noch Schrundensalbe oder Spax-Schrauben – und was es sonst noch alles gibt.

Als ein Seefahrer vor Yap Schiffbruch erlitt und von den Yappern (sagt man so? Yapesen? Yapalachen? Egal …) gerettet wurde, war er so dankbar, dass er den Rettern Steinkringel schenkte. Mit seinem Schiff brachte er sie in Massen auf die Insel und vermachte sie den Einwohnern. Da aber das Immobilienangebot auf Yap gleichblieb, setzte Inflation ein. Das Steingeld verlor an Wert, und das System brach zusammen. Merke: Auch gut gemeinte Geschenke können Schaden anrichten.

Yellowstone – USA

Den Old-Faithful-Geysir kannte ich bereits aus meinen Kinderbüchern. Dort galt er als Urvater aller Geysire, und niemand klärte mich damals auf, dass die Bezeichnung „Geysir" für Geysire vom isländischen Wort „geysa" kommt, was soviel heißt wie „sich ergießen". Mit anderen Worten: Der Isländer hat den Geysir erfunden. „Erfunden" ist an dieser Stelle wahrscheinlich kein passendes Wort. Aber egal.

Was ich sagen will, ist: Wenn es einen Urvater oder – um Korrekturen der ganz Korrekten zuvorzukommen – eine Urmutter, beziehungsweise ein Urelternteil der Geysire gibt, dann sind es die Geysire in Island. Aber trotzdem: Fast zwei Drittel aller heißen Quellen weltweit liegen im Yellowstone-Nationalpark. Und das ist nicht wenig, jedenfalls erheblich mehr als bei uns im Garten, wo es nur dann eine Thermalquelle gibt, wenn die Außendusche einen Rohrbruch hat.

Der Yellowstone-Nationalpark, den ich aus den Kindercomics kannte, ist nicht nur ein Naturparadies, sondern eine Zeitbombe. Was dort aus dem Boden brodelt, zeugt von Größerem. Der ganze Naturpark liegt über einem Supervulkan, dessen Ausbruch nicht nur überfällig ist, sondern auch eine Menschheitskatastrophe erster Güte werden könnte, denn solche Supervulkane können mit ihren Stein-, Staub- und Lavaauswürfen die Atmosphäre verdunkeln und über riesige Gebiete, vielleicht sogar über Kontinente hinweg alles Leben unter Asche begraben.

Das sollte aber niemandem Angst machen, denn der nächste Ausbruch kann auch noch zehn Jahre auf sich warten lassen, vielleicht sogar 30 Millionen und zehn Jahre. Das Dumme an Vulkanen ist, dass sie nicht Bescheid sagen, wenn ihnen danach ist auszubrechen.

Wenn es passiert, wäre das eine schlechte Nachricht für den Helden meiner Kindheit, Yogi Bär. Ich weiß nicht, ob er noch lebt, aber seine Bemühungen, den Yellowstone-Nationalpark von Unrat zu befreien, haben meine frühe Karriere als Grünalternativer befeuert. Im Yellowstone ist es übrigens heute sehr sauber. Yogi war erfolgreich. Herzlichen Glückwunsch.

Nimmoo – Indien

Dieser Lastwagen sieht aus, wie Lastwagen im Norden Indiens aussehen: bunt, geradezu schrill, überladen mit Nippes, Schmuck und Gedöns.

Ich weiß nicht, warum es mich so berührt hat, wie diese Kraftfahrzeuge aussehen. Bei uns sind Lastwagen Nutzfahrzeuge. Und auch bei uns schmücken die Trucker ihre Vehikel, aber wie kärglich! Ab und zu ein blinkendes Pin-up-Girl in Neonoptik, eine Monsterhupe, oft ist das schon alles! Inzwischen fehlen meistens sogar die früher obligatorischen Schilder mit der Aufschrift: „Meiner ist 17 Meter lang." In Indien fahren LKWs, die aussehen wie fliegende Teppiche.

Die Fahrer sind nicht nur Fahrer. Sie sind die Ärzte ihrer Gefährte, die sie auseinanderschrauben und wieder zusammensetzen können. Sie betrachten die aufgepimpten Karren als äußeres Organ ihres eigenen Körpers. Symbole schützen vor schlechten Einflüssen wie dem bösen Blick oder der Verfluchung. Das funktioniert oft besser als die Bremsen. Deren Wichtigkeit wird gern unterschätzt.

Reifen sind in Indien offenbar ein sehr knappes Gut. Sie werden, Ökologen werden das loben, gefahren, bis das Gummi hauchdünn wie ein Kondom ist und fast den Blick auf die Luft im Inneren freigibt. Wenn der Pneu dann platzt, wird er allerdings nicht, wie man als Ausländer erwarten könnte, bestattet, sondern einfach am Wegrand zurückgelassen, was der grüne Geist zurecht ablehnt. Im Winter, wenn es in den Bergen kalt wird, benutzen Kinder die Reste, um sie anzuzünden und sich zu wärmen. Das ist nicht gesund, aber besser, als zu erfrieren.

Europäer schütteln gern den Kopf, wenn sie so etwas sehen. Sie übersehen dabei, dass man andere Prioritäten setzt, wenn der eigene Überlebenskampf den Blick auf das gutgemeinte Ganze erschwert.

Marsa Alam – Ägypten

So sieht er aus, der arabische Frühling. Viele halten ihn für eine niedergeschlagene Freiheitsbewegung. Aber das sind Menschen, die keine Vorstellung davon haben, wie viele Facetten der Begriff Freiheit in verschiedenen Kulturen hat. In Arabien verbindet man mit Freiheit in erster Linie die Freiheit von westlicher Freiheit. Die Mehrheit dort will sich nicht von westlichen Kulturen einen Freiheitsbegriff aufzwingen lassen, der mit sich bringt, dass Mädchen bauchfreie Tops tragen und Jungs den Gebrauch der Kalaschnikow verweigern.

Europa war, als der Arabische Frühling ausbrach, ganz elektrisiert von der Vorstellung, nun würde im Nahen Osten die Demokratie einkehren. Das war sehr naiv. Bei den freien Wahlen siegten dann genau jene, deren Wahlziel es war, als Erstes die freien Wahlen wieder abzuschaffen. Demokratie gilt in Nordafrika schon deshalb vielen nicht als erstrebenswert, weil sie glauben, dass nicht der Wähler entscheidet, was richtig ist, sondern der liebe Herrgott. Dessen Vertreter auf Erden sollten deshalb nicht dem Votum sündiger Bürger folgen. Sie folgen dem Gesetz des Himmels. Und das ist so groß, dass es in keine Wahlurne passt.

Auf die große Freude, den Gewaltherrscher Mubarak in Ägypten vertrieben zu haben, folgte die Ernüchterung, dass ihm per Wahl die Muslimbrüder folgten, eine radikal-islamistische Gruppierung mit eher gering ausgeprägter demokratischer Gesinnung. Das Parlament wurde entmachtet, die Gewaltenteilung abgeschafft. Darauf folgte der Militärputsch, der General Abdel Fattah al-Sisi an die Macht brachte. Vom Standpunkt der Demokratie aus gesehen dürfte das gegenüber dem Regiment von Mubarak kein großer Fortschritt sein … Aber da man im Westen die Herrschaft al-Sisis als kleineres Übel einschätzt, zieht man es seither vor, das Thema geflissentlich zu übergehen und nicht weiter über die Demokratisierung Arabiens zu reden. Wenn das Thema auf Ägypten kommt, spricht man lieber über die große Geschichte und die Schönheit der Wüste. Die ist in der Tat beeindruckend. Leblos liegen die Berge in der Hitze und protzen mit ihrer Erhabenheit. Sie wirken stolz, weil sie schon so lange da sind und so viele Gewaltherrscher haben kommen und gehen sehen.

Las Salinas – Spanien

Wo sich normalerweise junge Menschen schon am späten Vormittag eisgekühlten Rosé in die Birne gießen, um vorzuglühen für die am Abend zu erwartenden Party-Exzesse, hat Corona Ruhe einkehren lassen. Das klingt romantisch, ist aber für diejenigen, die vom Tourismus leben, eine Katastrophe. Die alten Wehrtürme aus dem 17. Jahrhundert, damals gebaut, um sich gegen die schon seit dem 10. Jahrhundert immer wieder einfallenden Piraten zu wehren, sind als Attraktion vor allem für junge Menschen einfach weniger anziehend als eine ekstatische Nacht mit dem hypnotisierenden Onk-Onk-Onk des Techno und anschließendem Geschlechtsverkehr zu dritt. Man kann die Türme teilweise sogar von innen besichtigen. Aber kennste einen, kennste alle.

Die Clubs auf Ibiza sind geschlossen. Das hat Folgen, nicht nur für Touristen, die sich um ihre Ferienekstase geprellt sehen, sondern viel mehr noch für die, die im Tourismus arbeiten. Es heißt immer, dass wir lernen müssen, mit Corona zu leben. Das ist schwer, wenn es zum Leben nicht mehr reicht und alles wegbricht, was vorher das Leben prägte.

Viele junge *Ibicencos* haben ihr Leben darauf aufgebaut, dass die Irren dieser Welt ihr Geld auf der Insel hinauswerfen als gäbe es kein Morgen. Sie arbeiteten als Dealer, Bootsverleiher oder Restaurantmanager. Sie haben es verlernt, ihr Leben mit der Ziegenzucht zu verbringen. Es ist zu vermuten, dass unter den älteren Ureinwohnern der Insel manch einer lächelnd darauf wartet, dass ihn die Enkel fragen, wie sich denn gerade so die Paarhuferpreise entwickeln. Für die Jungen kann man nur hoffen, dass es bald eine Impfung gibt, die Feierwütigen zurückkehren und sich die Lage normalisiert. Denn was für die einen nur ein Ferienspaß ist, auf den man auch mal ein Jahr verzichten kann, ist für die anderen Lebensgrundlage.

Lviv – Ukraine

Wir, die wir gewöhnt sind, unsere Klamotten in Hochglanzläden zu erwerben, wo eine ganze Sommergarderobe – trotz der imposanten Ladenarchitektur – weniger kostet als die Arbeitsstunde eines guten Rechtsanwaltes, können uns kaum vorstellen, dass die meisten Menschen auf der Welt ihre Anziehsachen auf der Straße erwerben. Auf improvisierten Marktständen liegt allerlei Zeug herum, wirr und bunt, und alles natürlich von den bekanntesten Marken dieser Welt: Kelwin Klein, Gutchi, Dijor, Hilficker, Aderdas, Pooma oder Naiki.

So manche nachgemachte Adilette besteht zu hundert Prozent aus Arsen, Kuhdung und eingeschmolzenem Kanisterplastik, sieht aber so echt aus, dass nicht einmal ein Blinder den Unterschied zum Original ertasten könnte.

Es kann passieren, dass einem der Verkäufer dann erklärt, dass beispielsweise das oben auf dem Foto zu sehende Ringel-T-Shirt aus dem Originalbestand der Panzerknacker stammt und dass genau dieses Modell getragen wurde, als die vier Gauner zum ersten Mal versuchten, in Onkel Dagoberts Geldspeicher einzudringen. Die Überzeugungskraft der Händler ist dabei oft so groß, dass man den ganzen Schwindel glaubt, bis man das Zeug zu Hause auspackt und feststellt: Die Panzerknacker trugen rot, oder?

Ein Umtausch ist schon deshalb schwierig, weil es in den seltensten Fällen einen Kassenbon gibt. Ein großer Teil des weltweiten Warenverkehrs gehört zur Schattenwirtschaft. Und gerade bei Markthändlern ist der Schatten auf der Wirtschaft oft so intensiv, dass kein Licht mehr zu erkennen ist.

New York – USA

New York galt früher als Inbegriff des Molochs, als Schmelztiegel der Kulturen, als gigantomane Superstadt. Wenn man ein paar Metropolen in Südostasien besucht hat und danach durch Manhattan geht, hat man das Gefühl, die Stadt ist eigentlich eher beschaulich. Schon die Anzahl der Hochhäuser wird von jeder chinesischen Kleinstadt getoppt, wobei eine chinesische Kleinstadt auch mehr Einwohner hat als New York.

Wer gewagte Architektur sehen möchte, sollte besser von Europa aus nach Osten reisen, denn in den Megalopolen Asiens wurde nicht immer auf Statiker gehört, die angstgetrieben kleinliche Einwände wie „Das könnte kippen" vorbrachten. Dort biegen und wiegen sich die Türme, bis sie brechen. Mit Jakarta versinkt deshalb eine Zig-Millionen-Stadt in Sand und Sumpf. Das wird zwar als ärgerlich empfunden, aber deshalb blickt man dort nicht groß zurück, sondern überlegt einfach, eine neue Hauptstadt zu bauen, dann eben auf der Insel Borneo. Kein Scherz! Unglaublich.

New York ist heute eher der Klassiker unter den städtischen Zielen. Es wirkt indessen herrlich altmodisch. Und wo früher im Reiseführer darauf hingewiesen wurde, in welchem Tempo sich der New Yorker durch seine Stadt bewegt, erscheint einem der Takt der City eher gemütlich. Im Bryant Park unterhält man sich mit den Eichhörnchen, und in Chelsea schlendert man durch die Galerien, in denen einen immer exakt ein Angestellter kurz beiläufig begrüßt, ohne von seinem iMac-Bildschirm aufzusehen.

Vom Rockefeller Center blickt man auf das Empire State Building, vermisst nur kurz King Kong und ist sicher, dass in Asien längst eine lebensgroße Figur von ihm an der Fassade festgeklebt worden wäre, die dort so lange hängen bleiben würde, bis sie hinunterfällt. Dann gäbe es dort eine neue Sehenswürdigkeit, den Ort, an dem King Kong vom Dach fiel. Man ist dort momentan vielleicht ein bisschen innovativer, aber ganz ehrlich: Ich liebe New York.

Siem Reap – Kambodscha

Kurz bevor Corona die globale Reisetätigkeit gewaltsam beendete, konnte ich noch Angkor Wat besuchen, eine gewaltige Tempelanlage der Khmer. All denen, die sich nun schaudernd abwenden, weil sie glauben, dass touristische Sehenswürdigkeiten wie diese längst kaputtbesucht seien, sage ich: Nein! Angkor Wat gehört zu den berühmten *10 Things to See Before You Die*. Die von Pflanzen und Bäumen überwucherten Tempel faszinieren spätestens seit den *Tomb Raider*-Filmen auch kulturell eher Uninteressierte. Und wer gerne dem Verfall bei der Arbeit zusieht, hat hier sehr poetisches Anschauungsmaterial.

Natürlich ist es normalerweise schwer bis unmöglich, die Stimmung in den Wäldern und den heiligen Stätten zu genießen, weil man nicht allein vor Ort ist. Noch vor kurzer Zeit stapelten sich die Businsassen erst vor dem Eingang auf, um in der Folge dann in hohem Tempo effizient durch die Tempelanlagen geschleust zu werden, ein Vorgang, so stimmungsvoll wie der Besuch in einer Fabrik.

Als ich im Februar 2020 dort war, gab es in Kambodscha noch keinen Coronafall, aber Chinesen, Indern, Japanern und Koreanern war bereits die Einreise untersagt. Das führte dazu, dass ich Angkor Wat erlebt habe wie zuletzt Touristen vor hundert Jahren, als man noch mit dem Eselkarren anreisen musste: Es war leer.

Was für uns ein Geschenk war, war für die Kambodschaner eine Katastrophe. In Siem Reap leben 110 Prozent der Menschen vom Tourismus. Die Hotels glichen Totenstädten. Und wo früher die ganze Welt auf- und ablief, flanierten die Tauben. Die aber kaufen abends keine Drinks und übernachten nicht in extra für chinesische Reisegruppen gebauten Touristenlagern.

Der Buddha auf dem Bild rechts weiß natürlich, dass all das nur temporär ist, Yin und Yang, es werden auch wieder bessere Zeiten kommen, aber solche Sinnsprüche sind keine gute Hilfe, wenn man nicht weiß, wovon man die nächste Mahlzeit bezahlen soll.

Tokyo – Japan

Der alte Fischmarkt Tokyos, Tsukiji, war eine Sehenswürdigkeit – für Besucher, sicher nicht für die Fische. Wer mir, als ich zehn war, erzählt hätte, dass ich 45 Jahre später meinen Geburtstag damit verbringen würde, in Tokyo um fünf Uhr morgens rohen Fisch auf Reis zu mir zu nehmen, dem hätte ich wahrscheinlich nicht geglaubt, selbst wenn er sich glaubhaft als Zeitreisender hätte ausweisen können. Damals galt bereits eine Pizza als exotische Spezialität.

Meine erste Pizza gab es auf dem Kindergeburtstag von Marco, einem Italiener, der als einziger Ausländer in unserer Grundschulklasse fungierte und dafür sorgte, dass wir erfuhren, dass es eine Küche jenseits der Alpen gab. Oregano war für uns damals ungefähr das, was heute Superfrüchte aus dem Amazonasgebiet sind, etwas verzaubert Fremdes, das aber seltsam schmeckte und gewöhnungsbedürftig war – oder wie man als Zwölfjähriger sagt: „Bäh, wasndasn!!!"

Der Tsukiji-Fischmarkt von damals ist durch einen Neubau ersetzt worden. Die leicht ranzige Schäbigkeit des Alten ist verloren, schade für uns Besucher, gut für die Fischhändler, die morgens weit vor Sonnenaufgang dorthin müssen, um einen Thunfisch für oft sechs-, manchmal siebenstellige Beträge zu ersteigern, wohlgemerkt in Euro umgerechnet und nicht in Yen. Wenn ein Thunfisch wüsste, was er wert ist, würde er vielleicht besser aufpassen, dass er nicht gefangen wird.

Tortel – Chile

In Tortel, wo der *Río Cochrane* in die Fjorde des südlichen Pazifik mündet, lagen die Wolken wie eine schäbige Hundedecke über dem Wasser, verdunkelten alles und schafften eine Atmosphäre, in der man noch vor wenigen Jahrhunderten mit der baldigen Ankunft der apokalyptischen Reiter gerechnet hätte. Gänzlich von Wolken überzogen lud die Landschaft ein, über den Unterschied zwischen Melancholie und Depression nachzudenken. Der Unterschied ist einfach: Melancholisch ist man zu Hause beim Fotogucken, depressiv wurde man vor Ort.

Irgendwann riss es ein wenig auf, der Himmel ermöglichte vereinzelte Blicke auf die vergletscherten Berge, und der schwere Regen wich kontinuierlichem Niederschlag. Mir wurde klar, dass ich nach meiner Rückkehr wohl kaum aufgrund meiner guten Gesichtsfarbe bewundert werden würde. Das war aber auch nicht das Ziel der Reise gewesen.

Eine wesentliche Sehenswürdigkeit in Tortel sind ein paar Gräber von irgendwelchen Siedlern auf einer Insel. Die Gräber bestanden aus wenigen schäbigen Holzkreuzen, und mit ein bisschen Glück gelang es mir, im versumpften Boden nicht so weit einzusinken, dass ich direkt auf die Schädel der Verstorbenen getreten wäre. Zumindest blieben keine Knochenstücke zwischen den Zehen stecken. Wir verließen die gastliche Stelle und gingen schlecht essen.

Eine Reise ins Abseits dieser Welt ist nicht immer nur reine Freude. Belohnt wird man trotzdem, und wenn es mit der Erkenntnis ist, dass Natur als Lebensraum vielleicht nicht ganz so geeignet ist wie eine Dreizimmerwohnung mit Küche, Diele, Bad und vor allem fließend Kalt- und Warmwasser. Die Lebenserwartung des Menschen hat sich, seit er nicht mehr in der Natur lebt, etwa vervierfacht.

Das Wind, Kälte und Schneeregen ausgesetzte Dasein in Patagonien, Hunderte Kilometer entfernt vom nächsten 3D-Kino, wo man sich aufwärmen könnte, ist dennoch eine wichtige Erfahrung. Man fühlt, was man ohnehin schon weiß, aber dennoch fühlen muss, um es wirklich zu wissen: Die Natur ist eine weit stärkere Kraft als der Mensch. Und wenn jemand so viel stärker ist als man selbst, sollte man ihm mit Freundlichkeit beggnen, schon aus blanker Vorsicht.

Pisa – Italien

Es ist nicht immer ein gutes Zeichen, wenn eine Stadt dafür bekannt ist, dass ihr wichtigstes Bauwerk einen wesentlichen Mangel hat. Im Fall Pisa steht der Turm schief. Verschwörungstheoretiker könnten darüber nachdenken, ob dies mit Absicht geschah, um Touristen die Möglichkeit zu geben, durch geschickte perspektivische Fotografie so zu tun, als würden sie das Bauwerk mit einem Finger am Umkippen hindern.

Man könnte der Tourismusindustrie vorwerfen, mit den Baumeistern, Freimaurern und Illuminaten unter einer Decke gesteckt und über Jahrhunderte hinweg einen touristischen Betrug geplant zu haben und dass all dies Teil der großen Weltverschwörung ist, die nur darauf abzielt, den kleinen Mann und die kleine Frau zu unterdrücken, die Zinsen niedrig zu halten, die Menschen zu zwingen, Mundschutz zu tragen und dadurch die Neue Weltordnung zu etablieren.

Sollten Sie das ebenfalls für möglich halten, lassen Sie sich am besten in eine psychiatrische Klinik einweisen oder schließen Sie sich dem Teil unserer Bevölkerung an, der daran glaubt, dass geheime Kräfte Türme zum Kippen bringen können. Vielleicht waren auch Außerirdische am Werk, das internationale Kapital oder der Zonk.

Tatsache ist, dass der Schiefe Turm bereits während der Bauphase langsam, aber sicher kippte und deshalb auch nicht in voller geplanter Höhe, sondern nur 55 Meter hoch gebaut wurde. Es ist unwahrscheinlich, dass sich schon bei der Grundsteinlegung im Jahr 1173 jemand die Hände rieb, weil er ahnte, dass sich seine Urenkel einmal durch den Verkauf von billigen schiefen Türmen aus Keramik oder Kupfer dumm und dämlich verdienen würden. Und wenn er es sich so vorgestellt hat, ist es schiefgegangen. Die Vielzahl der Verkäufer, die auch Sonnenbrillen, Hüte und Tücher anbieten, dürfte froh sein, wenn sie trotz mangelnder Aufenthaltsgenehmigung nicht des Landes verwiesen wird.

Rub al-Chali – Oman

Rub al-Chali heißt so viel wie „Leeres Viertel". Den Namen darf man „gut beobachtet" nennen. Auf der Arabischen Halbinsel gelegen, erstreckt sich das „Leere Viertel" über verschiedene Staaten, ist also ziemlich groß und beherbergt nur wenige Nomaden, die sich bevorzugt am Rand der Wüste aufhalten. Mit Überfüllung muss insofern nicht gerechnet werden.

Reisende treffen im Oman auf eine überaus gut gelaunte Bevölkerung, was seine Ursache darin haben könnte, dass das Öl fließt, als gäbe es kein Morgen und die Herrscherfamilie die Beherrschten am Reichtum teilhaben lässt, indem sie ihnen beispielsweise Häuser baut, die qualitativ besser sind als anderswo, wo der Emir lieber heimlich trinkt, pokert und nach Weibern verlangt, während er nach außen religiöse Zurückhaltung predigt und das Volk darben lässt.

Wir fuhren mit dem Geländewagen durch die Wüste. Mit einem Porsche 911 hätte es auch nicht wirklich Sinn gehabt. Im Gegensatz zur deutschen Innenstadt erfüllt das Allrad-SUV in der Rub al-Chali einen konkreten Zweck, nämlich den, in der Sanddüne nicht zu versinken.

Oben an der Dünenkante wird das Fahren spannend. Der Wagen fährt steil nach oben, und auf den letzten Metern sieht man nur noch Himmel. Dann kippt der Wagen nach vorn. Für einen Moment denkt man, er fällt ins Bodenlose, dann beginnt er die Düne hinunterzurollen. Unten, wo die Düne ausläuft, muss man ein bisschen Gas geben, um sich nicht einzugraben und dann Anlauf nehmen, denn schon am nächsten Sandhaufen geht es wieder hoch.

Das Gegenstück zum Mit-dem-Mietwagen-durch-Wüste-Fahren wäre für mich ein Mit-dem-Kamel-durch-die-Großstadt-Reiten, beispielsweise in Berlin. Bin gespannt, ob ein findiger Geschäftsmann die Idee aufnimmt. Ich würde das Angebot sofort buchen.

Swanetien – Georgien

In vielen Teilen Georgiens, namentlich in den Bergregionen, hat man das Gefühl, man befinde sich in Österreich im Jahr 1910, nur dass es Geländewagen gibt statt Pferdekarren.

Die raue Natur ist von bemerkenswerter Unberührtheit. Wildbäche donnern hinab. Wolken kommen und gehen im Sekundentakt. Aber im Radio läuft nicht Ö3 und keine durchgeknallte Radiostimme ruft: „Best music in the world!"

In Georgien hört man den Bergen beim Schweigen zu.

Unser Fahrer vor Ort (einen solchen zu haben ist in Georgien, wie überall im postsowjetischen Raum, empfehlenswert) war wie eine Mutter zu uns, und ich war kurz davor, mich von ihm adoptieren zu lassen, musste aber davon absehen, weil mein neuer Vater nicht nur jünger gewesen wäre als ich, was bei Passkontrollen immer einen komischen Eindruck macht, sondern auch, weil ich meine Mutter, die inzwischen weit über 90 ist, mit der Situation, einen 50 Jahre jüngeren Georgier heiraten zu müssen, nicht überfordern wollte.

Georgien ist eines der schönsten Reiseländer der Welt für alle, die Natur noch staunend erleben können, ohne bei jedem Gletscher oder jedem Gebirgsbach das Klagelied des westlichen Kulturpessimismus anzustimmen. Auch ich finde den Klimawandel bedrohlich, habe es mir aber bewahrt, Natur auch einfach mal anzuschauen, ohne in reflexartige Melancholie zu verfallen. Es ist schön, wenn man sich einen Hauch von Begeisterungsfähigkeit bewahrt.

Shiraz – Iran

Im Iran gibt es gerade einige Probleme. Das Trinkwasser geht zur Neige, weil jedes Jahr mehr Wasser aus dem Boden geholt wird als von oben nachregnet, die Regierung erfreut sich nicht gerade größter Beliebtheit, was möglicherweise auch daran liegt, dass es im Land immer noch Steinigungen und andere mittelalterliche Rituale gibt, die wirtschaftliche Lage ist katastrophal, und die Hoffnung auf Besserung schwindet. Als Frau muss man, wenn man von den Revolutionsgarden festgenommen wird (warum auch immer, ein verrutschtes Kopftuch reicht da oft schon aus), damit rechnen, auf der Wache vergewaltigt zu werden. Das alles kommt im Volk nicht gut an. Es wird viel geschimpft, recht offen und deutlich.

Die Menschen haben dezidierte Meinungen dazu, wer sie in diese missliche Lage gebracht hat. Das Bildungsniveau ist hoch. Man hört, anders als im arabischen Raum, wo man vielerorts mit den üblichen antiwestlichen Stereotypen konfrontiert wird, differenzierte Meinungen und lernt viel dazu. Die sehr nationalstolzen Menschen werden ungern mit pauschalen Vorwürfen gegenüber dem Land als solchem konfrontiert, sparen aber selbst nicht mit Kritik an der Regierung. Sie wissen, dass auch der Westen seinen Teil zur Konfrontation im Nahen Osten beigetragen hat, kommen aber selten mit klischeehaften Vorwürfen um die Ecke. Der Iran ist, anders als viele bei uns vermuten, ein höchst zivilisiertes und modernes Land.

Als offensichtlich westliche Reisende wurden wir mit bemerkenswerter Freundlichkeit aufgenommen. Eine Straßenkarte bloß in die Hand zu nehmen, bedeutete, dass man sofort in meist sehr gutem Englisch angesprochen und gefragt wurde, ob man Hilfe brauche. Sich in die Schlange eines Brotladens einzureihen war nicht möglich. Als Fremder wurde man nach vorne durchgereicht, konnte auch durch ehrliches Wehren nicht verhindern, dass man sofort und als Erster bedient wurde, und bezahlen durfte man ebenfalls nicht. Brot bekommt der Fremde offenbar umsonst.

Als Gast fühlt man sich im Land sehr willkommen.

Yangshuo – China

Wenn Sie dieses Bild an den Wandschmuck im örtlichen China-Imbiss erinnert, ist das kein Zufall. Es sind die für China an vielen Orten vorkommenden typischen Karstlandschaften, die die Landschaftsmalereien zieren, die man für wenig Geld in jedem chinesischen Import-Export-Laden kaufen kann. Sie finden sie dort hinter der Abteilung für Winkekatzen neben den dicken Buddhas.

Eigentlich ist es schön, wenn man auf Reisen Unerwartetes entdeckt, aber manchmal freut man sich als Reisender auch einfach, weil etwas genau der Erwartung entspricht und dennoch überraschend überwältigend erscheint. Das ist so, wenn man in den Grand Canyon reist. Man hat jede Ansicht davon schon einmal auf einem Foto gesehen, und wenn man vor Ort ist, sieht man nichts, was man nicht erwartet hätte – und ist dennoch völlig von den Socken. Das Gleiche gilt für die Pyramiden von Gizeh oder die Victoriafälle. Und für die Karstberge in China.

Irgendwie hatte man in irgendeiner Seitenabzweigung des Bewusstseins noch einen letzten Verdacht, dass es sich bei der skurrilen Schönheit dieser Landschaft um Karikaturen oder Fantasien handelt, aber nein! Das ist nicht der Fall. Alles sieht so aus wie auf diesem Foto hier, wie in einer in Hollywood konstruierten Darstellung eines chinesischen Klischees. Manchmal stimmen Klischees zu 100 Prozent mit der Realität überein.

Grand Canyon – USA

Ein Canyon ist erst einmal etwas Ähnliches wie ein Loch. Sein eigentliches Sein wird begrenzt und definiert durch das, was am Rand ist. Wie zutreffend muss dies erst bei einem Canyon sein, der Grand Canyon genannt wird!

Der Grand Canyon ist ein riesiger Riss in einer fast flachen Oberfläche. Der *Colorado River* hat sich immer tiefer eingegraben und eine Schlucht erzeugt, die 450 Kilometer lang ist und bis zu 1.800 Meter tief. All das wissen wir, und wenn wir es nicht wissen, dann lesen wir es nach, so, wie ich es gerade getan habe.

Wenn man vor dem Grand Canyon steht, passiert aber etwas Merkwürdiges. Man ist überwältigt. Man weiß ja eigentlich, wie er aussieht. Aber wenn man vor ihm steht, kann man es nicht fassen.

Der Amerikaner spricht gern von Freiheit. Als Europäer glaubt man dann, er meine den in der Französischen Revolution etablierten Freiheitsbegriff. In Wirklichkeit geht es um etwas ganz anderes. Wenn der Amerikaner „freedom" sagt, meint er in der Regel den Zustand, Platz zu haben, einen weiten Himmel und niemanden, der ihm auf den Sack geht. Der amerikanische Freiheitsbegriff ist weniger philosophisch als der europäische, eher landschaftlich, mehr praktisch als tiefgründig. Er bedeutet auch, dass man eine Wumme tragen darf, mit der man notfalls verhindern kann, dass andere in die eigene Freiheit eingreifen. In Europa verbindet man mit Waffen tragenden Menschen eher Furcht vor Kriminalität und pocht deshalb auf das Grundrecht, ohne Schussloch durchs Leben zu gehen.

Als die Mauer fiel, verbanden die Menschen Freiheit mit dem Wegfallen einer Grenze. Heute verbinden viele Freiheit mit der Möglichkeit, daran glauben zu dürfen, dass die Erde flach ist und beherrscht wird von jüdischen Bankiers. Freiheit ist nicht immer großartig, sie birgt auch die Gefahr, dass sich jemand die Freiheit nimmt, Vernunft abzulehnen und den Irrsinn zum Maßstab zu erklären. In Amerika ist Freiheit gerade diesbezüglich grenzenlos. Jeder, wie er mag.

Riga – Lettland

Riga ist eine alte Hansestadt, aber die langen Jahre in der Sowjetunion haben nicht allzu viel von der langen Geschichte übrig gelassen.

Um 1200 wurde erst ein Handelsplatz durch deutsche Kaufleute errichtet und dann in der Folge die Stadt Riga gegründet. In der schnell wachsenden Siedlung galt schon bald das Hamburger Stadtrecht, in der Reformation wurde die Stadt protestantisch und war selbstverständlicher Teil des Reiches deutscher Kaiser, bis sich Riga dem polnischen König unterwarf und nur ein paar Jahrzehnte später schwedisch wurde. Dann kamen die Russen. Noch Anfang des 19. Jahrhunderts waren die Hälfte der Einwohner Deutsche. Einige Kriege später überließ Hitler Riga der Sowjetunion im Zuge des Hitler-Stalin-Pakts, um es dann nur kurze Zeit später selbst zu überfallen, einzunehmen und wieder zu verlieren.

Die Sowjets blieben bis 1989, dann wurde Riga die Hauptstadt des selbstständigen Lettlands. Man kann nachvollziehen, dass Letten aufgrund der 800 Jahre langen Erfahrungen mit wechselnden Herrschaften wenig Vertrauen in den Status quo haben und darauf bedacht sind, dass niemand an ihrer Unabhängigkeit zu schrauben beginnt. Man hat dort ein anderes Verhältnis zu Russland als in Köln, wo viele, unerklärlicherweise sogar viele Linke, glauben, der Nationalismus der Russen sei berechtigt, weil man ihnen ja 1989 einiges weggenommen habe, so als wäre die Freiheit der Polen oder der Balten, sich gegen die russische Herrschaft zu entscheiden, eine unzulässige Enteignung von Besitz.

In den osteuropäischen Staaten, in denen sich noch einige an die überschaubaren Freuden der russisch-sowjetischen Herrschaft erinnern, sieht man das naturgemäß anders. Man freut sich an der Eigenständigkeit und hofft inständig, dass die NATO sie weiterhin garantiert, denn beim großen Nachbarn gibt es nicht wenige, die den alten Ostblock für das halten, was Russen eigentlich noch heute zustehe, weshalb kleinere russische Eroberungsfeldzüge in Georgien, Moldawien oder der Ukraine mit freudiger Erwartung nach mehr aufgenommen werden. Als ich in Riga war, zeigte das Thermometer frostige Temperaturen an.

Likir – Indien

Verkehrstechnisch stehen Berge meistens eher im Weg. Sie sind natürliche Grenzen, erst recht, wenn sie in Höhen vorstoßen, in denen der Sauerstoff zum Atmen knapp wird. Viele Bergsteiger sind stolz, wenn sie höchste Gipfel ohne Sauerstoffgerät erklommen haben. Für mich wäre das nichts. Ich halte Sauerstoffknappheit im Hirn nicht für ein erstrebenswertes Ziel.

Ich blicke fasziniert auf Berge, deren Wände zu steil sind, als dass Schnee oder Eis auf ihnen liegen bleiben würde. Der blanke, gefaltete Stein ragt in den Himmel und macht sichtbar, welche unfassbaren Kräfte unter der Erdkruste wirken. Dort oben ist die Erde roh und lebensfeindlich, und man fühlt sich wie auf dem Mond. Allerdings gibt es noch Luft, wenn auch sehr dünne.

Ich blicke von außen auf Sieben- und Achttausender, käme aber niemals auf die Idee, sie zu besteigen. Ich habe keinerlei Ehrgeiz, sie zu „besiegen". Ich fange auch keine Prügelei an mit jemandem, der 180 Kilo wiegt und 2 Meter 20 groß ist. Ich muss es nicht tun, um zu wissen: Könnte sein, dass ich verliere …

Singapur

In Singapur gibt es einiges, was den eher *Laissez-faire*-gewohnten Europäer irritiert. Auf dem Klo nicht zu spülen, kostet 150 Singapur-Dollar Strafe. Man kann also 150 Dollar das Klo runterspülen und sich sagen: Macht nichts, die habe ich ja durchs Abziehen gespart.

Das Absingen zotiger Lieder kann bis zu drei Monate Gefängnis einbringen, während das Auf-den-Boden-Spucken nur 1.000 Dollar kostet und damit vergleichsweise nachlässig abgestraft wird.

Das Verbot von Sex zwischen Männern wird zwar nicht mehr angewendet, ist aber auch noch nicht abgeschafft. Zwei Jahre Haft werden angedroht, womit die Diskriminierung Homosexueller ziemlich exakt messbar ist: Schwuler Sex ist exakt achtmal strafbarer als das Singen ordinärer Lieder. Das Gefühl von sexueller Freiheit will sich da nicht recht einstellen.

Pinkeln in den Aufzug kostet 1.000 Dollar. Wer das locker sieht, nach dem Motto „Mich erwischt schon keiner", der sollte wissen: In Singapur gibt es Aufzüge, die Uringeruch erkennen und dann die Tür geschlossen halten, bis die Polizei eintrifft. Dies ist kein Land für Prostatiker mit geringer Sozialkompetenz.

Die Höchststrafe für den Verkauf von Kaugummi beträgt 100.000 Dollar. Daran hat man dann lange zu kauen. Als Europäer mag man all dies seltsam finden. In Singapur sind viele überzeugt davon, dass es im Ermessen des Einzelnen liegt, auf Kaugummi oder Aufzugpinkeln zu verzichten, dass die Strafen dementsprechend nur dann zu zahlen sind, wenn man so blöd ist, das Gesetz zu ignorieren. Da ist was dran. Da sieht man mal wieder, dass das eigene Rechtsempfinden nicht weltweit bindend ist. Wer glaubt, dass das Recht weltweit dem folgen muss, was man für sich als normal empfindet, den kann das in Singapur teuer zu stehen kommen.

Maseru – Lesotho

In Maseru, der Hauptstadt Lesothos, einem, wie nur wenige wissen, völlig selbstständigen Land, das mitten in Südafrika liegt und etwa so groß ist wie Belgien, traf ich einen Aktivisten, der für die weitgehend arme Bevölkerung des Landes Hütten aus Bierdosen baute, um einerseits den Recycling-Gedanken, andererseits einen billigen Baustoff populär zu machen. Die Dosen sind leer – beziehungsweise nicht wirklich leer, denn wenn sie leer wären, also ein Vakuum enthalten würden, wäre es noch besser, aber in ihnen ist nicht mehr als Luft. Das Ganze isoliert trotzdem irgendwie, also: gute Idee.

Natürlich wäre eine Lehmhütte besser, zumindest, solange die Sonne scheint. Sie ist perfekt atmungsaktiv und dazu noch ein guter Wärme- und Kälteschutz. Leider muss sie nach jedem Starkregen aufwendig restauriert werden, während die Dosenbude einfach so stehen bleibt, wie sie ist. Und wenn sie doch einmal nach Regenfall vom Wasser des Wadis mitgerissen wird, kann man sie ein paar Kilometer flussabwärts wieder herausfischen und einfach neu aufstellen, mit ein paar kleineren Reparaturen vielleicht, aber egal, passt schon.

Die Dinger entsprechen nicht ganz deutschen Maßstäben, wenn man die Bedarfsermittlung von Wohnflächen nach DIN 18022, DIN 18025-1 und DIN 18025-2 anlegt, aber woanders in der Welt werden Normen weit weniger ernst genommen als bei uns.

Wir leben gerne in Beton. Er ist langlebig, stabil, und wenn man als luxusverwöhnter Mensch auch mal Luft im Haus haben möchte, macht man einfach das Fenster auf.

Beton hat dennoch bei uns keinen guten Ruf. Man verbindet mit dem Baustoff unschöne Massensiedlungen und hässliche Wohnkomplexe. Auch für Menschen, die Geister am Werk wähnen, wenn Wasser aus einem Hahn kommt, ist Beton als Material vielleicht zu wenig atmosphärisch. Aber für viele auf der Welt ist es ein großes Glück, aus dem Betonkubus über den streng geordneten Garten zu schauen und sich dabei an einer Heizung zu erfreuen. Bei uns im Rheinland sagt man: „Jede Jeck es anders." Das ist eine weltweit zutreffende und kaum zu widerlegende Beobachtung.

Baku – Aserbaidschan

Als ich in Baku weilte, war dort gerade erst der *Eurovision Song Contest* ausgetragen worden, ein Wettbewerb, bei dem obskur ausgewählte Gestalten in einem Wettstreit antreten, den fast immer der- oder diejenige gewinnt, die, der oder das nicht aus Deutschland kommt und deshalb mehr als null Punkte aus Österreich erhält.

Ganz Baku war in ein Puppenstübchen verwandelt worden für das Ereignis, herausgeputzt wie ein Gockel und blankgewienert, als läge es am Zürcher See. Dabei liegt die Stadt am Meer, am Kaspischen.

90 Prozent der Bewohner Aserbaidschans sind schiitische Muslime, weshalb immer mal wieder der Haussegen mit den Nachbarn schiefhängt, die der griechisch-orthodoxen mystischen Weltdeutung anhängen. Ab und zu gibt es kriegerische Scharmützel mit Armenien um die Exklave Bergkarabach. Das sind so die Dinge, um die man sich streitet, wenn der eine meint, Gott wolle dies, der andere aber vollkommen davon überzeugt ist, dass der Schöpfer etwas ganz anderes, nämlich jenes und sonstiges wünsche. Natürlich sind die göttlichen Verlautbarungen nicht die Ursache für die Kriege. Aber sie sind Symptome einer kulturellen Verschiedenheit, die dazu führt, dass der eine den anderen genauso verachtet und geringschätzt wie der andere den einen. Die örtlichen Oberhonze nutzen die Emotionalisierung und die Ängste der Bevölkerung und machen Rambazamba. Im Grunde habe ich in diesem Absatz große Teile der Weltgeschichte erstaunlich kompakt erklärt und anschaulich gemacht. Ich bin selbst überrascht.

Berat – Albanien

Für die Fahrt durch Albanien engagierten wir einen Fahrer, der nicht nur einen albanischen, sondern auch einen österreichischen Pass besaß. Letzteren hatte er allerdings zurückgegeben, als er das Land, seine Frau und seine zwei Kinder verließ, aus Enttäuschung über die kulturelle Intoleranz der Alpenländler, wie er meinte. Erst später stellte sich heraus, dass er den Pass nicht wirklich im buchstäblichen Sinne „zurückgegeben" hatte, sondern dass er ihm entzogen worden war, wegen einer Lappalie, eines nichtigen Konfliktes mit der Polizei, wie er sagte. Die Wachtmeister hatten herausgefunden, dass er gelegentlich Heroin auf einem Löffel erhitzte, um es seiner weiteren Nutzung zuzuführen. Genauere Erklärungen waren nicht aus ihm herauszukriegen.

Er war vielleicht der beste Fahrer, den wir je hatten. Er fuhr sicher, was in einem Land, in dem die meisten Menschen überrascht sind, wenn sie ohne Unfall zu Hause ankommen, nicht selbstverständlich ist. Außerdem hatte er immer eine gute Idee, was man sich als Nächstes anschauen könnte. Er zeigte uns beispielsweise den Ort Lazarat (googeln Sie ruhig einmal danach!), in dem ein Milliardenumsatz mit Gras gemacht wird, mit Gras zum Rauchen, nicht dem Gras im städtischen Park.

Er zeigte uns die Märkte, auf denen ursprünglich 10.000 Euro teure Carbon-Fahrräder, die noch vor kurzem einem sportlichen Zahnarzt in Hamburg zur Wochenendertüchtigung dienten, für hundert Ocken den Besitzer wechselten. Organisierte kriminelle Vereinigungen arbeiten am Import/Export mit erstaunlicher Kontinuität und Disziplin. Er zeigte uns die fünfzehnjährigen Kinder der Marihuana-Bauern, die mit den fettesten Range Rovern durch schmale Dorfgassen bretterten, und eine alte Garnfabrik aus der Sowjetzeit, die irgendwann verlassen und dann so gut wie nie mehr betreten worden war.

Er war hochkriminell, warmherzig und verlässlich. Warum sein Engagement als Drogenhandelsreisender ein Grund sein sollte, dass er seine Frau und seine Kinder nicht mehr sehen durfte, sah er nicht ein. Er fand das kleinkariert, weil er ein anderes Verhältnis zum Strafrecht hatte als wir, die wir in der alten Bonner Republik aufgewachsen sind. Vielleicht wäre er heute ein liebender Vater, wenn ihn jemand frühzeitig über die Bedeutung der Justiz als einer der drei Gewalten in der westlichen Demokratie aufgeklärt hätte. Ich hätte es ihm sehr gegönnt.

Salzkammergut – Österreich

Im Salzkammergut, da kammer gut lustig sein. So sagt es der Volksmund. Das geht aber auch in Burundi, am Aralsee oder im Harz.

Torres del Paine – Chile

Es gibt noch sehr viel nahezu unberührte Landschaft auf dieser Welt. Und es gibt sehr viele Menschen, die beleidigt sind, dass diese unberührte Natur nicht da ist, wo sie wohnen. Es ist aber die Natur der unberührten Natur, nicht da zu sein, wo Menschen sind. Man muss deshalb teilweise weit fahren, um sie zu sehen.

Unser Bild von der Natur ist geprägt von der Romantik, von Caspar David Friedrich und Hölderlin. Das gilt selbst für diejenigen, die die beiden gar nicht kennen. Die romantische Naturauffassung ist ins kollektive Bewusstsein übergegangen. Die Romantik hat nämlich erfunden, dass Natur erhaben und in ihrer Unberührtheit schön sein kann. Bis dahin galt Natur als Ort, wo man sich nur aufhielt, wenn dort, wo keine Natur war, in der Stadt oder auf dem Hof, fremde Truppen zum Brandschatzen und Vergewaltigen vorbeikamen. Dann floh man in den Wald zu den Räubern und Wegelagerern. Das Leben war recht gefährlich früher, und häufig endete es mit dem Tod, im Durchschnitt erheblich früher als in unserer Zeit.

Nun, da nur noch wenige Menschen direkt in der Natur wohnen, schon weil es bei uns kaum noch welche gibt, denn was wir als Natur betrachten, ist meistens eher land- und forstwirtschaftliche Nutzfläche, nun, da wir mit Bussystem und WLAN leben wollen, erscheint uns die Natur als Sehnsuchtsort, obwohl dort der Empfang meist schlecht ist.

Am Lago Grey im Süden Chiles blicken wir zu Recht bewundernd auf die unfassbare Größe der Natur und freuen uns daran, dass sie kein guter Lebensraum für uns ist. Die Natur besteht aus dem gesamten Universum und ist insofern insgesamt fast überall ein menschenfeindlicher Ort, an fast allen Orten ist es zu kalt oder zu warm für uns, meist ohne Luft zum Atmen und gefährlich. Gerade deshalb erzählt uns die Größe der Natur von dem, was wir geschafft haben, nämlich uns zu schützen vor dem, was wir Natur nennen, und unser eigenes Ding zu machen. Trotzdem brauchen wir sie und sorgen uns deshalb um sie. Gut so.

Kōya-san – Japan

Ich bin nicht das, was man einen begeisterten Nekrophilen nennt. Dennoch fand ich es interessant, als mir jemand erzählte, es gebe in der Nähe von Osaka ein Dorf mit uralten japanischen Klöstern und etwa 200.000 Gräbern in einem Wald. Als wir dort ankamen, war es neblig. Wir ließen uns im Kloster unser Zimmer zeigen, einen kargen Raum, in dem am Abend die Tatami-Matten ausgerollt wurden zum Schlafen. Vorher gab es ein Menü aus 39 meist winzigen Gängen, die außer ein bisschen Reis nichts beinhalteten, von dem ich sicher gewesen wäre, es schon einmal gegessen zu haben: kleine seltsam geformte Pilzchen, bittere Mousse, etwas Graues und nichts vom Tier. Es war die vielleicht erstaunlichste Mahlzeit meines Lebens – und eine der besten dazu.

Als wir am nächsten Tag die Gräber besuchten, lichtete sich der Nebel. Moosüberwachsene Steine säumten den langsam aufsteigenden Weg zu einem Shintō-Tempel. Für Menschen, die sich für spirituell halten, weil sie jemanden kennen, der schon mal Yoga gemacht hat, ist dies ein fantastischer Ort. Für alle anderen erst recht. Man verlässt den Wald in Demut und Dankbarkeit für jede Stunde, die man noch vor sich hat.

Im Ort gab es einen einzigen Laden, ganz offensichtlich eine Poststelle, vollgestellt mit Kartons, über deren Eingang mit ungelenker, in europäischen Buchstaben ungeübter Handschrift das Wort „Café" prangte. Ein Tisch, zwei Stühle. Wie gemacht für uns. Wir traten ein in fester Erwartung, irgendetwas bitteres Schwarzes serviert zu bekommen. Wir bekamen einen Cappuccino mit einem perfekt in den Milchschaum gemalten Hasen. Es gibt nirgendwo auf der Welt, auch nicht in Italien, besseren Kaffee als in Japan.

Štrba – Slowakei

Von Polen kommend, umfuhren wir die Hohe Tatra. Eine Woche lang regnete es, und kein Berg war zu sehen, dann auf dem Weg von Štrba nach Liptovský Mikuláš riss es kurz ein wenig auf. Es zeigten sich verstohlen ein paar Berge, dann setzte der Regen wieder ein, und die Vision war verschwunden. Das war im Wesentlichen alles, was wir an Natur auf dieser Reise sahen. Der Rest war Nebel.

Viele Leute bilden sich ein, dass sie beim Reisen viel erfahren über das Land, das sie bereisen. Das kommt aber unter anderem auf das Wetter an.

Im Übrigen ist es schwer zu sagen, ob man auf Reisen etwas lernt. Viele Leute reisen ausschließlich, um ihre bereits vorher angehäuften Urteile bestätigt zu sehen. Sie fahren irgendwohin, betrauern, dass es dort dreckig ist, und fahren wieder nach Hause. Spannend wird das Reisen aber erst, wenn man das, was man ohnehin erwartet hat, vergisst und sich überraschen lässt von dem, was es zusätzlich zu sehen gibt. Großartig ist, wenn man es schafft, Erwartungen gleich zu Hause zu lassen.

Wenn man etwas Konkretes über ein Land erfahren will, sollte man lieber ein Buch lesen. Dort steht alles über die geologischen Besonderheiten, Arbeitslosenzahlen und politischen Konflikte. Auf Reisen erfährt man, wie das Land riecht, wie es sich anfühlt, wie leicht oder schwierig es ist, eine Bäckerei zu finden, und wie man angeschaut wird als Fremder. Wenn man irgendwo sitzt, kann man den Menschen beim Gehen, Schauen oder Popeln zusehen. Man sieht, was anders ist und was nicht. Vielleicht ist es das, was es ausmacht.

Wenn man ein Land nur im Nebel sieht, hat man das Gefühl, man hätte es unter einer Decke mit ihren Bewohnern gesehen. Man ist dann nicht wie sie, das ist auch nicht der Sinn des Reisens, aber man war bei ihnen und hat sie gesehen.

Okavango Delta – Botswana

Im Juni ist es in Botswana nachts kalt, denn es ist Winter. Tagsüber heizt die Sonne und macht es angenehm, aber nachts gehen die Temperaturen runter bis kurz über dem Gefrierpunkt. Man schläft im Zelt unter dicker Daune und genießt die löwenfreie Zeit, weil man weiß, dass draußen ein Ranger mit der Knarre aufpasst, dass nichts Vierbeiniges hereinkommt. Bei Sechs- und Achtbeinern sind sie weniger aufmerksam.

Im Spätherbst, also wenn bei uns der Frühling in den Sommer übergeht, ist Trockenzeit, aber dort, wo der Okavango herkommt, aus dem Hochland von Angola, regnet es. Im Mai und im Juni schwillt der Fluss an, steigt über die Ufer und überflutet eine riesige Landschaft, in der der Okavango versickert, ohne je das Meer gesehen zu haben. Im Delta werden die Inseln kleiner, und die Tiere können einander nicht mehr ausweichen. Eine Herde Antilopen steht dann grasend weniger als hundert Meter entfernt von einem Rudel Löwen, das sich nicht weiter anstrengen muss, um sich eine Mahlzeit fertig zu machen. Sie suchen sich die Tiere aus wie auf einer Speisekarte. Auf der stehen beispielsweise Zebras, Giraffen oder Warzenschweine, während sich Schakale, Leoparden, Wildhunde, Hyänen und Geier nur noch die Servietten umbinden müssen.

Als Reisender kann man sich dazu setzen und zuschauen. Die Ranger servieren dazu einen Gin Tonic und einen kleinen Snack. Es gibt Menschen, die halten dies für ein grausames Schauspiel. Das ist Unsinn. Das Handeln aller Beteiligten entspricht ihrer Natur. Darüber eine moralische Wertung abzugeben, ist, weil Natur nicht der menschlichen Moral unterliegt, nicht nur dumm, sondern auch noch arrogant. Wie kommen Menschen eigentlich darauf, die ganze Schöpfung müsse ihren Maßstäben folgen? Natürlich wäre die Welt nicht besser, wenn der Löwe darauf verzichten würde zu jagen. Es gäbe lediglich zu viele Warzenschweine.

Pangong Tso – Indien

Kein Mensch ist überall gewesen. Selbst wenn man hier war, im äußersten Norden Indiens an der Grenze zum äußersten Süden Chinas, heißt das nicht, dass man die Welt kennt und beispielsweise auch profunde Weisheiten über das Saarland von sich geben darf. Ich für meinen Teil habe auch schon das Saarland bereist und kann nur sagen, dass alle, die es für ein überflüssiges Randgebiet halten, Unrecht haben. Das Saarland ist nicht nur landschaftlich überragend schön, sondern auch durchaus bevölkert, teilweise sogar belebt. Zwischen Tholey und der Saarschleife ist es fast so beschaulich wie hier, am Pangong-See. Der allerdings liegt über 4.200 Meter hoch und ist, im Gegensatz zur Saar, ein stehendes Gewässer und ein Salzsee. Er liegt nicht zwischen der Pfalz und Frankreich, sondern zwischen dem Industal und Tibet.

Es gibt noch weitere bedeutende Unterschiede zwischen dem mittelgebirgigen Saarland und dem Hochgebirge des Karakorum: Am Pangong-See ist die Luft dünner, dafür gibt es zwischen Völklingen und Saarlouis keine Wildesel.

Wenn Ihnen nun bereits aufgefallen ist, dass auf dem Bild gar kein See zu sehen ist, sind Sie ein guter Beobachter. Ich stehe am Ufer und fotografiere Richtung Nordwesten in die Berge hinein, die laut gemeinhin gültiger Definition nicht mehr zum Himalaya, sondern bereits zum Karakorum gehören. Die Grenze zwischen beiden Gebirgen wird durch den Indus definiert. Diese Unterscheidung ist allerdings völlig willkürlich. Von mir aus könnte man das Ganze auch Südöstliche Zweit-Eifel nennen. Auch das würde es nicht weniger imposant machen. Passen würde es allerdings nicht. Es gibt keine Maare und auch kein Heino-Café, und am Wochenende fallen nicht Horden von Motorradfahrern ein, die mit ihren markigen Auspuffen ein kreischendes Geräusch über die Landschaft legen, um sich dann in der nächsten Kurve unter der Leitplanke hindurch ins Abseits zu katapultieren. An den Pangong-See fährt man nicht um des Fahrens willen oder wegen des „Sounds", sondern um ein Stück Erde zu sehen, wie es kaum ein zweites gibt: roh, lebensfern und groß. Unfassbar!

Phuket – Thailand

Die See sieht auf der ganzen Welt beeindruckend gleich aus und ist doch überall sehr verschieden. Da, wo es warm ist, steigen riesige Mengen an Wasser in den Himmel und bilden Wolken, die sich ihren Namen durch ihre bemerkenswerte Wolkenartigkeit wirklich verdienen.

Wenn man genau hinschaut, sieht man hinten am Horizont aufs Winzigste zusammengeschrumpft zwei Fischerboote. Um auf kleinen Nussschalen durch das endlose Wasser zu schippern, muss man nicht nur großes Gottvertrauen (oder einen ans Phlegmatische grenzenden Fatalismus) haben, sondern auch großen Glauben in die Berechenbarkeit der Natur.

Unsereins, die wir uns mit vollem Recht „Landratten" oder auch „Weicheier" nennen dürfen, käme nicht in den Sinn, unser Leben täglich am Rande des Versinkens zu führen. Wir empfinden es als ernsthafte Bedrohung, wenn bei einem erst wenige Jahre alten Wagen bei 26 Grad Außentemperatur die Klimaanlage versagt. Und man erzählt allen, die es nicht hören wollen, vom großen Abenteuer des Nachhausekommens im überhitzten Auto, so als hätte man gerade die Grenzen des Menschenmöglichen ausgetestet. Dabei hat nicht mal ein Weißer Hai von außen an den Wagen geklopft.

Der thailändische Fischer hat sich daran gewöhnt, dass etwas passieren könnte, dass ihn eine einzige überraschende Welle für ewig über Bord spülen könnte oder dass bei einem Kreislaufkollaps draußen auf dem Meer ein paar Milliarden Liter Wasser zwischen ihm und seinem Hausarzt liegen würden, so er denn je schon einmal einen gehabt oder benötigt hätte. Die Ansprüche auf dieser Welt sind eben unterschiedlich, und auf Reisen lernt man, dass wir nicht beurteilen können, wie das richtige Leben aussieht.

Bayon – Kambodscha

Es wirkt ein bisschen gruselig, wenn uns zwei leere Augen aus Stein anschauen. Und so war es wahrscheinlich auch gemeint, als der Tempel Bayon gebaut wurde, angeordnet vom Khmer-König Jayavarman VII. im 12. Jahrhundert. Er wollte ein Bauwerk hinstellen, das einschüchternd wirkte. Es sollte zeigen: Achtung! Hier wohnt kein Provinzdackel, der sich mit zwei, drei It-Girls aus der Umgebung eine geile Zeit macht, sondern ein erhabener King, der seltsame Mächte auf seiner Seite weiß, zum Beispiel ein paar Riesen, die im Stein auf Leute warten, die Ärger wollen …

Als wir in Kambodscha, kurz bevor es mit Corona auch dort losging, fast allein durch die Tempellandschaft schlenderten, ahnten wir, dass es für uns vielleicht für längere Zeit die letzte nennenswerte Reise sein würde. Ein seltsames Virus versetzte die Menschen in Schrecken oder ließ sie wütend werden, weil sie einfältig glaubten, die ganze Pandemiegeschichte sei eine Lüge.

Wenige Monate später erklärte mir ein Medizinprofessor, dass das Virus weniger der Grippe als einer Blutvergiftung gleicht, deren Spätfolgen nicht abzusehen seien. Corona sei eine Gefäßentzündung, und niemand wisse, wo sich die Viren der Immunabwehr des Körpers entziehen könnten, im Hirn vielleicht oder in anderen Organen, niemand wisse, ob man wirklich wieder gesund werde und welche Spätfolgen möglich seien. Er empfahl mir, angesichts der vielen Unwägbarkeiten die Krankheit lieber nicht zu bekommen.

Natürlich können wir die Menschen nicht ewig isolieren. Und was auch bedacht werden muss: Wir brauchen eine funktionierende Weltwirtschaft, denn nur die kann uns ermöglichen, ein Gesundheitssystem zu finanzieren, das die Bekämpfung des Virus überhaupt erst ermöglicht. Wir hoffen auf einen Impfstoff und darauf, dass die Seuche verschwindet, aber wir müssen auch in Betracht ziehen, dass das Virus bleibt. Es hat die Welt schon jetzt verändert, und die Frage, wie man mit der Krankheit leben soll, ist in der Lage, die Menschheit zu spalten. Ich kann nur hoffen, dass Reisen irgendwann wieder möglich sein wird, schon weil wir nur auf Reisen wirklich lernen, die Verschiedenheit der Ansichten auf dieser Welt wenn nicht zu verstehen, dann doch wenigstens zu akzeptieren.

Budapest – Ungarn

Diesen Leuchter würde ich mir keinesfalls in die Bude hängen, aber in der Szent-István-Basilika wirkt er ganz natürlich. Von rechts oben fällt Licht auf das, was eigentlich selbst leuchten sollte. Es könnte uns verdeutlichen, wie lumpig das irdische gegen das göttliche Licht ist. Es reicht aber auch, wenn man einfach feststellt: Schönes Wetter heute!

Stein gehört meines Erachtens eigentlich nicht an die Wand, sondern auf den Boden, weil es sich um ein sehr schweres Material handelt, das an der Wand eine wuchtige Gewalt erzeugt, die nicht schön, sondern protzig wirkt, zumindest in den meisten Fällen. Man sollte solche Sachen aber nicht ideologisch sehen. Man kann auch sagen: Stein ist fein, und ob er an der Wand oder an der Decke kleben bleibt, hängt vom Fliesenleger ab. Viele sagen auch einfach: Hauptsache teuer. Das muss man nicht goutieren, geht aber auch.

Gottesfürchtige sagen, dass der liebe Gott ein bisschen schweren Schwulst ertragen kann. Kirchen sind oft vom Design her eher überladen, aber da alles, was in der Kirche und um sie herum ist, nach dem Glauben der Gläubigen von dem geschaffen wurde, dem das Gotteshaus gewidmet ist, sollte man nicht kleckern, sondern klotzen. Meine Vermutung ist, dass es Gott egal ist. Er hat noch ein paar Billionen anderer Welten, die seine Aufmerksamkeit erfordern, und es steht zu befürchten, dass er unsere aus dem Blick verloren hat. Da ist es vielleicht sogar sinnvoll, mit ein bisschen Prunk und Protz seine Aufmerksamkeit zu erregen. Vielleicht schaut er ja mal zufällig rein. Für wahrscheinlich halte ich das nicht. Aber wer weiß?

Bundi – Indien

Diese Menschen machten auf mich einen äußerst fröhlichen Eindruck. Fast könnte man meinen, es handele sich um Familie „Strahlemann und Söhne". So nennt man das bei uns im Rheinland, wenn Leute grinsen wie die Honigkuchenpferde. Töchter sind mitgemeint ...

Während woanders auf der Welt Fotografen Prügel angedroht werden, muss man in Indien viel Geduld mitbringen, um ein Foto ohne Menschen darauf zu schießen. Kinder springen ins Bild und fordern geradezu, dass man sie ablichtet, Männer und Frauen auch. In Afrika oder Südamerika glauben viele, der Fotograf gewänne durch das Abbild Macht über den Fotografierten. In Asien freut man sich, dass man als Person zum Bildgegenstand erhoben und dadurch wertgeschätzt wird. Man kann ganze Vormittage damit verbringen, Massen von Menschen einzeln abzulichten, und jedes Mal wird das Zeigen des fertigen Fotos auf dem kleinen Kamerabildschirm zum Ereignis.

Ich weiß, dass man Völker nicht über einen Kamm scheren soll. Ebenso bekannt ist mir, dass die persönliche Erfahrung nicht repräsentativ ist und pauschale Urteile über große Menschengruppen nichts taugen. In Indien aber, dieses Urteil traue ich mir zu, trifft man auf viele freundliche, offene, dem Fremden zugetane, heitere Menschen. Diese Familie wurde extra für mein Foto aufwendig zusammengetrommelt, ohne dass ich dies erwartet oder auch nur in Betracht gezogen hätte. Stolz posiert der kleine Haufen vor dem Haus der Sippe, Mutter freut sich ob der außergewöhnlichen Vorkommnisse, und der oder die Kleinste hätte sich fast noch eine Hose angezogen, so feierlich war die Atmosphäre. Ich finde, das Bild strahlt dementsprechend große Würde aus.

In diesen Zeiten des Shitstorms wird es auch dieses Fotos wegen sicher viele Vorwürfe geben, sei es, weil Kinder ohne schriftliche Einwilligung abgebildet wurden oder Armut zu malerisch dargestellt werde oder aus irgendeinem anderen Grund, der nichts mit der Lebenswirklichkeit dieser Menschen zu tun hat. Bei uns missbrauchen viele ihre ritualisierte Empörung, um sich selbst moralisch zu erhöhen. Die Abgebildeten haben das, so vermute ich, nicht nötig. Sie sind, so wirken sie jedenfalls auf mich, mit sich im Reinen.

Clonmacnoise – Irland

Es ist oft das Alte und Verfallene, das uns auf Reisen ganz besonders anzieht, warum auch immer. Diese Mauern sollen zumindest teilweise aus dem 6. Jahrhundert stammen, einer Zeit, die wir das „finstere Mittelalter" nennen, und nicht, weil es dort kein Licht gegeben hätte. Zwar war der LED-Lichtstreifen, 2 Meter 50 lang mit Fernbedienung, inklusive Batterie für 19,49 Euro, noch nicht erfunden, aber dennoch war es nicht dunkler als im 15. oder 17. Jahrhundert. Wer Licht brauchte, zündete irgendetwas an.

Dass wir diese Zeit „finster" nennen, liegt daran, dass wir so wenig über sie wissen. Das wiederum ist dadurch begründet, dass mit den Römern aus Mittel- und Nordeuropa auch Dinge wie Verwaltung, Schriftlichkeit oder Münzgeld, im Grunde alles, was wir mit dem Begriff „Zivilisation" umschreiben, weitgehend verschwand. Und es ist, das wird manchen erstaunen, ausschließlich christlichen Mönchen zu verdanken, dass nicht alles später wieder komplett neu von vorn erfunden werden musste, weil in den Klöstern bedeutende Kulturtechniken bewahrt wurden, die Landwirtschaft zum Beispiel, die Bier- und Weinherstellung oder das Alphabet.

Je weniger wir wissen, umso mehr müssen wir uns zusammenreimen. Unsere Vorstellungen vom frühen Mittelalter beruhen deshalb im Wesentlichen auf Spekulationen, unzulässigen Verallgemeinerungen, aberwitzigen Konstruktionen und Überbleibseln tradierter *fantasy stories*. Unser Bild der Wirklichkeit heute beruht dagegen auf irrwitzigen Behauptungen, manipulativen Bildern, ideologischen Verschwurbelungen und hanebüchenen Desinformationen in den asozialen Medien, sodass wir nicht zu wenig, sondern zu viel wissen, um überhaupt noch Wahrheit vom Irrsinn trennen zu können.

Vielleicht haben wir deshalb ein so romantisches Bild vom Ritter, weil seine Welt noch einfach war und klaren Normen folgte. Wer leichtere Waffen hatte als man selbst, wurde erschlagen, die Beute, Damen wie Wertsachen, verteilt. So etwas gibt es heute auch noch in jenen Teilen der Bevölkerung, wo Ehre und Gefolgschaft zählen, die Bewaffnung Respekt verschafft und das römische Recht unbekannt ist. Das Mittelalter lebt.

Shibam – Jemen

In Shibam waren wir die einzigen Touristen, wenn man von einer kleinen Gruppe Engländer absieht, die ihrer eigenen kolonialen Vergangenheit auf der Spur waren und sich deshalb natürlich nicht als Touristen, sondern als Einheimische fühlten – während sie Jemeniten als Fremde betrachteten, deren Anwesenheit sie zumindest für fragwürdig hielten. Wir wurden auf unserer Fahrt von einem Beduinen mit Kalaschnikow begleitet. Es war bemerkenswert, wie sehr dies unser Sicherheitsgefühl erhöhte. Das wäre auf einer Spritztour durch den Pfälzer Wald mit Sicherheit nicht der Fall gewesen.

Es gab nur ein kleines Zeitfenster, in dem man relativ sicher durch den Jemen reisen konnte, um 2005 herum. Die üblichen Entführungen ließen sich vermeiden, wenn man nicht einfach in die Stammesgebiete der Nomaden einreiste, sondern einen der ihren engagierte, um sich beschützen zu lassen. Unser Freund, immer fesch nach jemenitischer Sitte gekleidet, mit Krummdolch im Gürtel, zeigte uns die teilweise zehngeschossigen Lehmhäuser in Schibam, die Ruinen des jahrtausendealten Ma'rib, den riesigen Staudamm der legendären Königin von Saba, zahlreiche gegrillte Ziegenbeine – und wie man mit einer Kalaschnikow schießt.

In Arabien zielt man gern sinnlos in die Luft, nicht ganz senkrecht, weil das aus großer Höhe zurückfallende Geschoss sonst mit ein wenig Pech beim Zurückfallen auf die Erde die eigene Schädeldecke durchschlägt und mit der Restenergie möglicherweise noch durch Speiseröhre und Magen bis in den Hoden dringt. Um dieses zweifelhafte Vergnügen zu vermeiden, schießt man nach schräg oben, sodass die Kugel, wenn überhaupt, jemanden trifft, der einem persönlich unbekannt ist. Im Nahen Osten sterben jedes Jahr Tausende durch aus Lust und Laune in die Luft geschossene und dann wieder herunterfallende Munition. Unser Beduine schoss selbstverständlich ohne Gehörschutz. Ich tat es ihm nach, ohne zu wissen, worauf ich mich einließ. Den Schuss hörte ich bereits nicht mehr. Die Druckwelle war schneller. Noch zehn Minuten nach dem Schuss war ich vollständig taub. Dann begann ein beeindruckender Tinnitus. Meine Angst, das Gehör verloren zu haben, endete erst nach etwa einer Stunde, als ich wieder halbwegs hören konnte. Lediglich bei 4.000 Hertz blieb eine kleine Hörschwäche.

Belgrad – Serbien

Der sozialistische Wohnungsbau, das Wort Architektur wäre vielleicht zu hoch gegriffen, besticht durch eine Mischung aus gleichmacherischer Gesinnung und beeindruckender Trostlosigkeit. Man fragt sich „Was leben hier für Menschen?" und stellt sich in der Folge Gesichter vor, die man nicht unterscheiden kann. Dieses Bild ist natürlich falsch.

Ich habe an Belgrad nur noch wenige Erinnerungen. Vielleicht tragen die Stadt und ihre Häuser daran eine Mitschuld. Vielleicht aber auch nicht. Möglicherweise war ich auch einfach unkonzentriert. Belgrad bedeutet „Weiße Stadt". Der Name muss alt sein. Heute ist, wenn überhaupt, dunkelweiß vorherrschend, changierend ins Knöselige. Dabei liegt die Stadt wunderschön, an der Mündung der Save in die Donau. Aber ich habe keine besonderen Erinnerungen. Es gibt eine Festung. Es soll dort oft Krieg gegeben haben. Ich erinnere mich nicht an eine einzige Unfreundlichkeit. Anfang Mai 2008 war es in Belgrad bewölkt. Abends gab es Schnaps und viel Wurst. Der Belgrader Kabarettabend sah den Auftritt eines deutschen Künstlers im Auftrag des Auswärtigen Amtes vor. Der Plan wurde ordnungsgemäß durchgeführt. Es wurde gelacht, was dem Sinn und dem Geist des Abends entsprach. Der Künstler war ich.

Da ich als Bühnenperformer im Wesentlichen meine Muttersprache verwende, spiele ich überwiegend im deutschsprachigen Raum. Ab und zu mache ich Ausnahmen. Dann trete ich irgendwo weit weg von zu Hause vor im Ausland lebenden Deutschen oder Deutsch sprechenden Menschen anderer Nationalität auf. Mein von der Heimat am weitesten entfernter Auftritt fand in der Deutschen Schule in Peking statt, wie alle Auftritte dieser Art organisiert vom Sohn eines persischen Teppichhändlers im diplomatischen Dienst (der Sohn, nicht der Händler). Ich bin auch schon in Prag aufgetreten, in Lissabon oder Baku. Dort überreichte mir ein alter Mann ein Gedicht in perfektem Deutsch. Er hatte es selbst geschrieben und sprach akzentfrei, hatte aber Aserbaidschan noch nie verlassen. Deutschland war der Ort seiner Träume. Er hatte seine Sprache gelernt, aber das Land nie besuchen können. Eine Sehnsucht zu bewahren ist am einfachsten, wenn man das, wonach man sich sehnt, gar nicht erst kennenlernt.

Córdoba – Spanien

Als wir über den Guadalquivir nach Córdoba einfuhren, wurden wir als Fremde nicht weiter wahrgenommen. Das war anders, als damals erst die Vandalen, später die Oströmer und dann wieder die Westgoten kamen, wahrscheinlich weil sie jede Menge Waffen und einen unbändigen Willen zum Plündern, Brandschatzen und Vergewaltigen mitbrachten. Wir hatten nur ein paar Flaschen Wasser, Schokoladenkekse und ein bisschen Bargeld dabei. Da wird man als Besucher weniger misstrauisch betrachtet.

711 kamen die Mauren und brachten eine ganze Religion mit, die damals noch keine 100 Jahre existierte, den Islam. Die Anhänger des neuen Glaubens machten sich gerade daran, den Rest der Welt zu erobern und zu missionieren. Sie bauten die Moschee von Córdoba im maurischen Stil. Nach der Rückeroberung durch Christen wurde sie in eine Kirche umgewandelt. So ging es damals zu im Mittelalter. Mit dem Herrscher wechselten auch die Gotteshäuser ihre Bestimmung.

Die Hagia Sophia zum Beispiel, im 6. Jahrhundert in Konstantinopel von Christen erbaut, wurde von den Osmanen 1453 in eine Moschee verwandelt, bevor sie Atatürk im 20. Jahrhundert zum Museum machte. Scheinkalif Erdogan führte dann die düsteren Sitten früherer Jahrhunderte wieder ein und erklärte das ursprünglich christliche Bauwerk gerade erst wieder erneut zur Moschee. Die Frage, wann das Mittelalter nun wirklich endete (und ob überhaupt), ist bis heute nicht wirklich beantwortet, in der Türkei scheint es gerade in den letzten Zügen zu liegen …

Córdoba jedenfalls wurde im 20. und 21. Jahrhundert von den Touristen erobert, bis die Seuche Corona dem ganzen Spuk ein vorläufiges Ende setzte. Wenn man eins aus der Geschichte lernen kann, dann, dass sie nicht endet.

Ebenalp – Schweiz

Das Gästehaus Aescher erinnert ein bisschen an das Kloster Taktsang in Bhutan. Es hängt am Berg, ist teilweise in den Fels hineingebaut und Teil der Landschaft geworden. Aber auf der Terrasse gibt es Kaffee statt Buttertee. Das ist gut. Ich bin auf Reisen grundsätzlich offen für alles, auch für exotische Speisen und Getränke, ich habe schon Tigerpenisschnaps getrunken in China und grüne Schlangengalle in Vietnam, habe Augensuppe gegessen in Japan, Kutteln in Anatolien und grauen Grind mit Pampe an Gedöns in Mali, aber Buttertee geht gar nicht.

Der Besuch des Wildkirchli am Berg in Ebenalp ist auf der Exotikskala von 1 bis 10 eine absolute 11. Dabei ist man mitten im, wenn nicht politischen, dann doch wenigstens geografischen Europa. Dort gibt es Ovomaltine. Dafür fehlen auf Schweizer Speisekarten wirklich großartige Snacks wie frittierte Grillen mit Ingwer und Chili, gegrillte Entenzungen oder Injera, ein schaumstoffartiges Fladenbrot aus Äthiopien, das man auf den ersten Blick für ein Sitzkissen halten könnte.

Je höher die Berge, umso schwerer die Küche. Dies ist ein Grundsatz, der fast überall auf der Welt gilt. In Peru, wo die Anden noch höher sind als die Berge in der Schweiz, wurde mein Suppenteller mit einem grauen Gegenstand gefüllt, dessen Aggregatzustand exakt zwischen fest und flüssig lag. Geschmacklich war das Ganze in erster Linie salzig. Weitere Gewürze oder gar einen Eigengeschmack gab es nicht. Zähfließend bahnte es sich den Weg durch mein Gedärm, und wenn man mich fragte, in welcher Körperregion es sich gerade befand, meinte ich, mit dem Finger darauf zeigen zu können. Genauso geht es mir mit Käsefondue. Es besteht aus fast reinem Fett und dient dazu, möglichst schnell möglichst viele Kalorien einzuführen. In unserer Zivilisation des 21. Jahrhunderts ist es eigentlich nicht mehr nötig, mit fettigem Fraß dem Verhungern vorzubeugen. Viele hauen sich trotzdem alles in den Balg, was irgendwie trieft. Übergewicht ist die Folge. Will man möglichst schnell zunehmen, empfehle ich im Gästehaus Aescher die Nudeln mit Käse. Sie decken den Tagesbedarf eines Erwachsenen für die nächsten drei Wochen. Irgendwie lecker sind sie trotzdem.

Taktsang – Bhutan

Das Kloster Taktsang im Parotal in Bhutan heißt auch Tigernest. Ich wusste nicht, dass Tiger Nester bauen, aber das soll uns hier nicht weiter beschäftigen.

Der Guru Padmasambhava soll hier meditiert haben, und zwar exakt drei Jahre, drei Monate, drei Wochen, drei Tage und drei Stunden lang. Mich irritieren solche Informationen. Ich frage mich dann, wie er während des Meditierens die Zeit so genau nachverfolgen konnte. Außerdem hat er, um das Ganze perfekt zu machen, meines Erachtens drei Minuten und 33 Sekunden zu früh aufgehört.

Natürlich gab es hier vor 1.200 Jahren noch kein Kloster. Es wurde ja erst zu Ehren des Gurus im 17. Jahrhundert erbaut. Der posthum weltbekannt gewordene Mediteur ist heute unter seinem Ehrentitel Rinpoche bekannt und kommt einem in Bhutan an jeder Ecke entgegen, so wie Kaiserin Sissi in Österreich oder Yogi Bär im Yellowstone-Nationalpark.

Wir hatten das Glück, Kloster Taktsang nicht bei schönem Wetter, sondern im Nebel zu besuchen, der sich nur manchmal ein wenig lichtete. Wie spirituell die Atmosphäre ist, hängt ja nicht nur vom Ort ab, sondern auch vom Wetter. Schon von fern sieht man auf der Wanderung die Gebetsfähnchen im Nieselregen flattern. Das Kloster ist nicht mit dem Auto zu erreichen, sondern nur zu Fuß. Es ist ein wunderschöner Ort. Ich bin kein religiöser Mensch, aber ich liebe die buddhistische Grundidee, dass alles, was wir tun, unwiederbringlich dem Großen und Ganzen hinzugefügt wird und dass wir deshalb – schon im Eigeninteresse – verantwortlich und rücksichtsvoll handeln sollten, weil unser Tun und Lassen auch auf uns selbst zurückwirkt. Das ist ein großartiger Gedanke, der bei uns nur ab und zu und in einer etwas simplifizierenden Zusammenfassung zu hören ist: Wie man in den Wald hineinruft, so schallt es heraus. Auch gut.

Uschguli – Georgien

In Uschguli gibt es Wehrtürme, die davon zeugen, dass das Leben auf dem Land und in den Bergen nicht nur von glücklichen Kühen und naturnahen Landwirten geprägt wird, sondern auch von Existenzkampf, Bedrohung und Gewalt.

Wenn es eine Konstante in der menschlichen Geschichte gibt, dann die, dass Menschen in ihren Überlebensstrategien selten zimperlich sind und überhaupt nur dann mit Unbekannten kooperieren, wenn sie entweder erstens mit Gewalt dazu gezwungen werden oder sie sich zweitens gegenseitige Vorteile davon erwarten. Ersteres ist der Normalzustand des Menschen, Letzteres seltener, und man nennt es dann Zivilisation.

In den Bergen der alpinen Art ist das Leben mühsam, denn dem Boden ist kaum etwas abzuringen. In Georgien lernt man gerade, dass es einfacher ist, wenn Touristen das Geld vorbeibringen. Erste Gästezimmer wurden bereitgestellt, *Home Stays*, Pensionen, sogar kleinere Hotels. Dann kam Corona.

Unser Freund Georg, der uns durch das Land führte, nannte eine Reiseagentur sein Eigen. Da die Georgier Auto fahren, als wäre der Tod eine Lappalie, braucht man im Land einen Fahrer, der sich mit den Schrullen der selbstmörderischen Fahrzeuglenker auskennt. Seine Agentur hatte fast dreißig Autos angeschafft, denn die Auftragsbücher waren voll. Bis die Seuche das Land und die Welt heimsuchte.

In der Folge ging es darum, die Mitarbeiter vor dem Hunger zu bewahren. Es gibt in weiten Teilen der Welt keinen Automatismus, der Menschen davor schützt, die Existenzgrundlagen zu verlieren. Wir können es uns hier in Deutschland, über siebzig Jahre nach den letzten Wintern, in denen Menschen Hunger litten und Kohlen klauten, nicht mehr vorstellen, dass Nahrung und Heizung nicht mehr ausreichend zur Verfügung stehen. Und es ist eine wesentliche Erkenntnis des Reisens, dass unser Gesellschaftszustand eine unfassbare positive Abweichung von der weltweiten menschlichen Normalität ist.

Yanar Dağ – Aserbaidschan

Yanar Dağ heißt einfach „Brennender Berg", und es gibt wenige Namen auf dieser Welt, die das, was sie benennen, so genau bezeichnen wie Yanar Dağ.

Die Erdgasvorkommen in Aserbaidschan liegen teilweise so nah an der Erdoberfläche, dass das Gas einfach entweicht. Irgendjemand soll es dann vor 2.000 Jahren angezündet haben. Seitdem schlagen dort die Flammen aus der Erde, und niemand hat es geschafft, das Feuer zu löschen. Warum auch? Am Yanar Dağ macht sich um die Gasrechnung niemand Sorgen. Im Berg gibt es keinen Zähler der Stadtwerke. Und der CO_2-Austoß ist in Aserbaidschan kein großes Thema, weil man dort den Klimawandel für eine Bedrohung hält, die ausschließlich Menschen ohne Klimaanlage etwas angeht.

Das Feuer stand auch in der früher weit verbreiteten, heute nur noch von wenigen hunderttausend Menschen praktizierten Religion des Zoroastrismus im Mittelpunkt. Wir kennen die Religion nur vom guten alten Nietzsche, einem der bekanntesten und geistreichsten Syphilitiker der Welt, der in seinem Buch *Also sprach Zarathustra* den alten Glauben verwurstete.

Im Zoroastrismus gibt es den Schöpfergott Ahura Mazda, der mit der Automarke weder verwandt noch verschwägert ist, und den bösen Dämon Angra Mainyu. In der Gedankenwelt der Zoroastrier ringen auf der Erde die guten und die schlechten Mächte miteinander. Und es ist nicht ganz von der Hand zu weisen, dass da was dran ist.

Übrigens war angeblich Freddie Mercury, der Sänger von Queen, Zoroastrier. Das hat mit dem Yanar Dağ aber eigentlich nichts mehr zu tun. Egal. Es ist das Wesen der menschlichen Gedanken, dass sie umherirren, irgendetwas feststellen und sich dann anderem zuwenden. Unsere Erkenntnis ist niemals allumfassend, sondern sprunghaft und wirr wie eine züngelnde Flamme, die unberechenbar mal hierhin und mal dorthin lodert, wie ein unlöschbares Feuer. Damit schließt sich der Kreis des Gedankens wieder, so als hätte er einen Sinn. Und nur die Menschen sind in der Lage, sich vorzugaukeln, es gäbe einen solchen.

Xianggong – China

Der Anblick dieser Berge hat in mir eine Vision erzeugt: Ich habe mir vorgestellt, dass die ganze Erdkruste vielleicht aus versteinerten Schlümpfen besteht, die aber nur an dieser Stelle in China noch wirklich zu erkennen sind, während ihre Mützchen im Rest der Welt vom Regen weggewaschen oder vom Wind abgetragen wurden.

Wahrscheinlich lässt sich diese These weder beweisen, noch werden Geologen sie als Inspiration für weitere Forschungen begreifen. Das ist mir egal. Wie sonst soll so eine Landschaft entstanden sein? Kommen Sie mir jetzt nicht mit Urmeeren, Kalkstein, Höhlenbildung und so weiter. Ich weiß, dass Wissenschaftler für fast alles eine Erklärung haben. Aber Platon würde an dieser Stelle argumentieren, dass allein die Idee des Schlumpfes beweist, dass er existiert. Es steht nur zur Debatte, wie seine Repräsentation in der für uns realen Welt aussieht, und wenn Sie mich fragen: Hier ist sie.

Vielleicht lehne ich mich hier aber auch ein bisschen zu weit aus dem Fenster. Vielleicht besteht die Landschaft auch aus einem liegenden Drachen oder vielen aufgeblasenen riesigen Kondomen. Geologen werden das verneinen, aber vielleicht sind Menschen, die sich mit der Wissenschaft von der Entstehung, Entwicklung und Veränderung der Erde beschäftigen, auch einfach nur zu fantasielos, um zu verstehen, dass jedes Verständnis der Welt fragwürdig ist. Jede Vorstellung erzeugt ihre eigene Realität in der Matrix des Hirns, das sie erzeugt hat. Und ob es in der sogenannten Wirklichkeit dann vielleicht anders ist, ist eigentlich auch nicht mehr so wichtig. Da können Sie jeden Menschen mit multipler Persönlichkeitsstörung fragen.

Für leichtgläubigere Menschen als mich könnte es sich bei dem Abgebildeten auch um die Haufen des großen Hundes handeln, der die Welt damals aus der Urdose Hundefutter durch Verdauung geschaffen hat. Im Grunde ist diese Vorstellung übrigens nachweislich nicht unwahrscheinlicher als jede andere religiöse Schöpfungsgeschichte auch.

Qsarnaba – Libanon

Lange Zeit hielt man es für eine deutsche Eigenart, das Auto zu behandeln, als handele es sich um ein pflegebedürftiges Familienmitglied.

Inzwischen hat dieser Trend Deutschland verlassen und erobert Teile der restlichen Welt. Im Libanon strahlt die Sonne mit gleißender Kraft auf den fragilen Lack, jedes Staubkorn wirkt wie ein Brennglas, und es obliegt dem Familienoberhaupt, das Fahrzeug zu schützen vor äußeren Einflüssen und zerstörerischen Naturkräften. Was liegt näher, als die Karosse unter Teppichen und Decken zu begraben wie eine frisch aufgebahrte Leiche?

Wenn man genau hinschaut, dann sieht man, dass man im Libanon teilweise auch deshalb viel Zeit für Autopflege hat, weil man das Fenster der Unterkunft nicht putzen muss. In diesem Fall zum Beispiel gibt es keines. Das ist insofern beunruhigend, weil es in den libanesischen Bergen im Winter empfindlich kalt werden kann. Dann muss sich die Familie, deren Heim hier im Bild zu sehen ist, wahrscheinlich ins Auto setzen, wenn sie es warm haben will.

Die politischen Realitäten im Land sind gerade wenig erfreulich. Da die Regierung seit jeher korrupt und dysfunktional ist, wird die Versorgung der Bevölkerung mit Sozialleistungen im Wesentlichen von ausländischen NGOs oder von der Hisbollah durchgeführt. Und weil die Libanesen zunehmend unzufrieden sind mit dem, was ihr Land so bietet – auch weil viele Landsleute indessen in Europa sind und von ziemlich gut funktionierenden Staatswesen berichten können –, gibt es Proteste, und es steht zu befürchten, dass der letzte Bürgerkrieg vor ein paar Jahrzehnten nicht der allerletzte war. Auch aus Syrien werden Konflikte über die Grenze getragen. Aber solange es noch so etwas wie Frieden gibt, pflegen die Menschen ihr Hab und Gut wie überall auf der Welt. Und jeder Tag, an dem das hier abgebildete Auto, von seinen Decken befreit, zum Fahren bereit gemacht wird, ist ein guter Tag.

Svínafellsjökull – Island

In Island leben nur ein paar hunderttausend Leute. Das Parlament hat 63 Abgeordnete. Böse Zungen behaupten, dies sei die Hälfte der Bevölkerung. Das stimmt nun auch wieder nicht. Ohnehin fährt man weniger wegen der Menschen oder des politischen Systems nach Island, sondern wegen der Natur. Drei Flugstunden entfernt von Deutschland ist man ruckzuck in einer prähistorischen, weil kaum belebten Welt, über die nur am Rand ein paar Straßen gelegt wurden, damit wir sie besichtigen können. Das war sehr freundlich. Danke!

Dem durch das Land Reisenden fällt angenehm auf, dass es nicht eng ist auf der Insel. Man fährt manchmal Stunden, ohne irgendjemanden zu treffen, nur um dann am Abend im Restaurant genau die Gesichter wiederzusehen, die man schon am Vorabend im letzten Hotel kennengelernt und dann noch einmal am Dettifoss oder am Vatnajökull aus der Ferne beobachtet hat. Die Insel ist nicht nur überschaubar groß, sondern auch nicht so von Touristenwegen zerfressen, dass man sich wirklich aus dem Weg gehen könnte.

Wenn man die Knotenpunkte verlässt, ist man schnell allein. Dann lässt nicht nur das Tempo nach, auch die Geräusche reduzieren sich, und man wähnt sich in einem unbewegten Bild, bis man irgendwo erleichtert ein Bächlein gluckern oder den Wind in ein paar Gräsern rauschen hört. Man hat das Gefühl, dass hier ein paar tausend Jahre gar nichts sind, und würde sich nicht wundern, wenn man am Abend feststellt, dass die Welt um Jahre gealtert ist, während man selbst in einer Zeitschleife steckte.

Daliegen und warten bis etwas abbricht, ist der Lebensmodus der Gletscher. Das ändert nichts daran, dass sie langsam, aber sicher dahin schmelzen. Allerdings ist der heutige Zustand besser als der vor 20.000 Jahren, als ganz Nordeuropa von einem riesigen Eispanzer überzogen war. Die erste Klimakatastrophe, die man mir von Wissenschaftsseite aus androhte, war die Vision einer neuen Eiszeit, die seit langem überfällig sei, so sagte man damals uns Pubertierenden, was uns Angst machte. Bis heute wissen Klimaforscher nicht genau, ob es nicht der menschengemachte Klimawandel ist, der verhindert, dass wir wieder vereisen. Das mag sein, aber wenn es so ist, sind wir bei der Eiszeitverhinderung offenbar massiv übers Ziel hinausgeschossen.

Pomuch – Mexiko

Mit den Toten geht man überall anders um. Hier werden sie verbrannt, dort verbuddelt, woanders den Vögeln zum Fraß angeboten. Das ist kein Scherz. Bei der sogenannten Luftbestattung, dort, wo es in Tibet zu kalt zum Vergraben ist und zu wenig Brennstoff zum Verbrennen gibt, werden die Leichen zerhackt und dann die Knochen in die Luft geworfen, wo sie von Geiern geschnappt werden.

Auch die Zoroastrier im Iran kannten Himmelsbegräbnisse, weil die Steppenerde hart und Holz Mangelware war. So weit, so gut. Und jeder, wie er mag. Mich persönlich geht es nichts an, weil ich nicht vorhabe zu sterben. Man muss nicht alles mitmachen, bloß weil es die anderen vormachen.

In Mexiko setzen sich die Hinterbliebenen am *Día de los Muertos* mit den Lieblingsspeisen der Verstorbenen auf die Gräber und picknicken. Das hat Stil.

In einigen Gegenden Yucatáns gibt es auch seltsame Bräuche. Dort werden die Toten erst begraben, dann nach ein paar Jahren wieder hochgeholt, sauber geputzt, und anschließend werden die Knochen in Kisten gelegt und dann noch einmal in kleinen Mausoleen bestattet. Oft werden die Behältnisse offen gelassen, damit die Toten hinausgucken können. Sehr mitfühlend! Die Ewigkeit kann langweilig werden. Der Blick von oben in die geöffnete Kiste wirkt auf den ungeübten Blick des Europäers irritierend.

Dem Schädel war es offenbar egal. Er reagierte nicht.

Shanghai – China

(siehe Foto Seite 178)

Viele bei uns in Deutschland sind verängstigt. Sie fürchten, dass uns China irgendwann überholen könnte. Diese Angst ist unbegründet. Die Chinesen können bereits gar nicht mehr so weit zurückgucken, als dass sie uns im Rückspiegel noch sehen würden.

Die Städte dort, selbst Kleinstädte mit vielleicht acht bis zehn Millionen Einwohnern, wirken auf den europäischen Besucher wie Visionen aus Science-Fiction-Filmen. Das Stückchen Land, das hier im Bild zu sehen ist, heißt Pudong und ist ein Stadtteil Shanghais. Hier standen vor dreißig Jahren noch Reishalme in Reih und Glied, bis die Stadtplaner beschlossen, tätig zu werden. Chinesen sind mit ihren Visionen etwas mutiger als deutsche Städteplaner, die bereits bei mehrgeschossigen Wohnungshäusern das Verschattungsrisiko fürchten. Ich will die vorsichtige Vorgehensweise bei uns nicht geringschätzen. Aber die Schattenseite unserer Bedächtigkeit ist eine völlige Veränderungsunfähigkeit, die dazu geführt hat, dass mutige Pläne meist bereits in den unteren Etagen der Bedenkenträger hängen bleiben. Bei uns geht nichts mehr.

In Peking wurde innerhalb von etwa vier Jahren, gerechnet vom Beginn der Planung bis zur Fertigstellung, der flächenmäßig größte Flughafen der Welt gebaut. Wir brauchen das Dreifache für die Beseitigung der Baumängel. Unser Hauptstadtflughafen ist am Ende eine Lachnummer und etwa so groß wie die Toilettenanlagen des Busbahnhofs in Guilin.

Dieses Foto von Pudong ist übrigens auch schon fünfzehn Jahre alt. Es gibt also den exakt mittleren Zustand zwischen Baubeginn und heute wieder.

Shanghai – China

(siehe Foto Seite 179)

So sah es 2017 in Pudong aus. Aber auch das war natürlich nur ein Zwischenzustand. Schon heute wirkt dieses Bild auf die Bewohner der Stadt wahrscheinlich wie ein Relikt aus alter Zeit. Im ewigen Hin und Her aus Werden und Vergehen ist China ohne Zweifel momentan eher in einer Phase des Werdens. Das ist exakt der Punkt, an dem man vergisst, was schon Mephistopheles in Goethes *Faust* bemerkte, dass nämlich alles, was entsteht, es wert ist, wieder zugrunde zu gehen.

Und um den Herrn gleich noch weiter zu zitieren: „Drum besser wär's, dass nichts entstünde." Das ist exakt die Haltung, die bei der Stadtplanung in Deutschland zum Tragen kommt. Goethe lebt.

Wohnraum ist in unseren Städten Mangelware und dementsprechend teuer. Bei uns sind viele der Meinung, man könne diesen Zustand beheben, indem man denen, die bauen wollen, möglichst viele Knüppel zwischen die Beine wirft. Diese Haltung beruht auf sowohl ökonomischer als auch städtebaulicher Idiotie.

Es sollte jedem auch nur ansatzweise denkfähigen Menschen bereits in der Theorie klar sein, was uns die Nachkriegszeit in der Praxis gelehrt hat, dass nämlich Wohnraum nur dadurch entsteht, dass gebaut wird. Das eine oder andere Hochhaus darf ruhig dabei sein. Der grandiose Ausblick entschädigt dafür, dass man bei der Aufzugwartung lieber noch mal einen Kaffee trinken geht, als die Stufen zu nehmen.

Okavango Delta – Botswana

Krokodile sind nicht mein Ding. Grundsätzlich kann ich die Idee nachvollziehen, dass man die Viecher möglichst alle in Handtaschen umbauen sollte. Aber natürlich weiß ich, dass dies aus ökologischen Gründen abzulehnen ist. Außerdem können Krokodile nichts dafür, dass sie heimtückische Raubtiere sind. Ihr Charakterfehler ist angeboren und muss dementsprechend nachsichtig betrachtet werden, obwohl dies natürlich allein auch nicht ausreicht, um ihr Verhalten als „moralisch einwandfrei" zu bewerten.

Auch viele menschliche Gewalttäter können nichts dafür, denn sie haben eine Besonderheit in ihren Genen, Monoamin-Oxidase A, kurz MAO-A, kodiert. Diese Information entnahm ich nicht dem Handbuch des rechtsradikalen Biologisten, sondern dem Deutschlandfunk. MAO-A baut Nervenbotenstoffe im Gehirn ab. Etwa 40 Prozent der Europäer haben eine schwächere Variante des MAO-A-Gens, das mit aggressivem Verhalten in Verbindung gebracht wird. Man sollte dennoch keine Handtaschen aus ihnen machen.

Außerdem spielt beim Verhalten des Menschen die Umwelt eine sehr viel größere Rolle als beim Krokodil, das in seinem genetischen Wesen räuberisch ist, rücksichtlos handelt und oft schlechte Laune hat. Beim Schachspielen würde ein Krokodil im Falle einer drohenden Niederlage die Spielfiguren umwerfen und durchdrehen vor Wut. Gott sei Dank sind die Viecher zu blöd dafür. Sie können nicht einmal Mau-Mau. Ich will kein Krokodil in meiner Wohnung, und ich hoffe sehr, dass mir das nicht als unbedachtes zoophobes Verhalten vorgeworfen wird. Ich bin vielleicht krokophob, aber andere Tiere haben meine uneingeschränkte Zuneigung, Erdferkel zum Beispiel oder Kaninchendackel. Mücken dagegen können weg.

Ich weiß, dies alles ist biologistische Willkür. Aber ich wünsche mir, dass meine Emotionen Tieren gegenüber nicht negativ bewertet werden, zumal ich in der Lage bin, meine Aggressionen zu zügeln. Das Krokodil habe ich beispielsweise nicht geschossen, sondern lediglich fotografiert, dies allerdings ohne Einwilligung. Man möge mir verzeihen.

Prag – Tschechien

Junge Menschen gucken oft unbeholfen aus der Wäsche, wenn man ihnen erklärt, dass der DFC Prag einmal Deutscher Vizemeister im Fußball war. Sie wissen nicht, dass die Geschichte Prags eng mit der deutschen Geschichte verknüpft ist, nicht nur auf dem Bolzplatz.

Fast hätte es sogar zum Meistertitel gereicht, damals, im Jahr 1903, als der DFC knapp gegen den VfB Leipzig verlor – mit 2:7. Prag gehörte in dieser Zeit zu Österreich-Ungarn, aber der Deutsche Fußballbund ließ damals auch als „deutsch" deklarierte Teams aus anderen Ländern zu.

Als 1348 in Prag die erste Universität Mitteleuropas gegründet wurde, zählte die Stadt ganz selbstverständlich zum römisch-deutschen Reich, und bis 1860 behielt Prag seine deutsche Bevölkerungsmehrheit. Der Prager Fenstersturz gilt als Auslöser des Dreißigjährigen Krieges. Und der Veitsdom ist ein bedeutendes Bauwerk der Gotik, eines der ersten Bauwerke mit Parallelrippengewölbe. Damals gehörte Prag zum selben Kulturkreis wie Köln oder Wien.

Noch um 1900 war die Stadt ein Ort für Künstler und Literaten tschechischer und deutscher Sprache. Dass man heute nicht mehr zum deutschen Kulturkreis dazugehören möchte, hat gute Gründe. Schon der Erste Weltkrieg galt in Prag nicht als Spaß unter Freunden. Dann kam der Zweite. Der Einmarsch der deutschen Wehrmacht und der folgende Eroberungskrieg der Nazis machten deutlich, dass Deutsche als Nachbarn mit Vorsicht zu genießen sind. Sie machen Lärm und fahren selbst nachts mit dem Panzer durchs Land. Ich kann ein gesundes Misstrauen auch heute noch gut verstehen. Es beruht auf Erfahrung. Schlimmer Erfahrung. Kaum in Worte zu fassender Erfahrung. In Prag ist Geschichte überall sichtbar, und sie ist in den meisten Fällen mit sehr viel Leid verbunden, das schärft die Sinne. Das Alte gilt dort nicht nur als schön, sondern als Mahnung. 1941 wurde dann Rapid Wien deutscher Fußballmeister, aber das ist eine andere Geschichte.

New York – USA

Will man den Begriff des Wolkenkratzers verstehen, muss man nach New York gehen, wenn es bewölkt ist. Dann sieht es so aus, als ließen sich die Wolken von den Hochhausspitzen den Bauch kratzen. Die Stimmung hat dann etwas Gemütliches. Alles sieht schwarzweiß aus, wie in einem Film mit Doris Day und Cary Grant. Das ist natürlich romantisierend. Aber ich finde, man darf beim Reisen auch einfach mal gerührt sein, ohne sich alle Probleme des Ortes, an dem man sich gerade befindet, vor Augen zu führen.

Ich schaue auch gern einmal eine Tierdokumentation, ohne auf das baldige Aussterben und die Probleme des Klimawandels gestoßen zu werden. Mir ist bekannt, dass es gravierende Probleme gibt, ich glaube aber nicht, dass es hilft, wenn man sich 24 Stunden am Tag Depressionen macht. Im Gegenteil. Erst wenn man die Schönheit der Schöpfung einmal für eine gewisse Zeit unbeschwert genossen hat, schöpft man die Kraft und die Lust, an ihrer Erhaltung zu arbeiten.

In Deutschland gilt Euphorie als naiv. Das ist nicht schön. Es ist, um einmal ein anderes Modewort zu benutzen, wenig nachhaltig, den ganzen Tag sauertöpfisch in die Welt zu gucken und dabei zu glauben, das würde andere motivieren, sofort mit der Weltrettung zu beginnen.

Damit will ich übrigens nicht die Verdrängung oder Ignoranz preisen, sondern lediglich das positive Denken. Depression, das weiß jeder Psychologe, blockiert. In Deutschland glauben viele, dass aus Leid Kreativität entsteht. Das ist Quatsch. Aus Leid entsteht Leiden. Die große deutsche Philosophin Nena trällerte einmal: „Zukunft wird aus Mut gemacht." Das war in den Achtzigern, als es in Deutschland, den grünalternativen Untergangsprophezeiungen zeitlich nachfolgend, eine kurze optimistische Gegenbewegung gab. Dann kamen das Ozonloch und das Waldsterben, und schon war es damit wieder vorbei. Ich bin gern bereit, an einer besseren Zukunft mitzuarbeiten. Aber ich will nicht die ganze Zeit weinen müssen dabei.

Auf dem Bild sieht New York für mich aus, als würde es von Zuckerwatte beschützt. Das war nicht der Fall, ist aber eine schöne Vorstellung.

Sa Talaia – Spanien

Ibiza gilt gemeinhin als Partyinsel, ist aber ein wunderbarer Flecken Erde und bietet Ruhe satt, wenn man nur danach sucht. Wenn man sich mit dem Mietwagen in den Strandverkehr stellt, ist man selbst schuld. Begibt man sich abseits der touristischen Pfade, liegt die Insel da, als wüsste sie nichts von Drogen und Suff.

Der Sa Talaia ist die höchste Erhebung der Insel, kein großer Berg, sondern eher zufällig ein bisschen höher als die Nachbarstumpen und Heimat vieler Bäume sowie eines großen Mobilfunkmastes, der die Insel mit mäßig schnellem Internet versorgt. Als am 7. Januar 1972 eine Sud Aviation-Caravelle die Insel ansteuerte, waren kaum Touristen an Bord, sondern zumeist Einheimische, die nach dem Jahreswechsel nach Hause flogen. Der Pilot bestellte noch per Funk ein Bier, das er nach der Landung trinken wollte, und flog dann etwa dreißig Meter unterhalb des Gipfels in den Berg.

Es ist wie bei allen großen Katastrophen: Sie vergehen. Und das ist gut so. Sonst könnte man keinen Moment mehr ruhig schlafen. Kein Inselbesucher denkt mehr beim Anflug an das, was vor fast fünfzig Jahren passiert ist. Wenn der Tourist aber den Sa Talaia besucht, um die fantastische Aussicht über die Insel zu genießen, kann es passieren, dass er irgendwann wie zufällig auf eine Gedenkstätte stößt, die ihm eine Gänsehaut macht. Bilder von Toten an einer Wand und ein Gedenkstein rufen dem Urlauber ziemlich überraschend in Erinnerung, dass er sterblich ist und dass er glücklich sein kann, dass seine Landung besser verlaufen ist, als die im Januar 1972. Wahrscheinlich macht er ein Selfie und fährt dann gegen Abend ins Ushuaia, um jemanden zum Kopulieren aufzureißen. Nicht alle Menschen sind sensibel. Gut so. Das Leben muss weitergehen.

Swakopmund – Namibia

Der hier abgebildete Kamerad besuchte mich nicht aus Freundschaft oder Zuneigung, sondern aus blanker Gier. Der Pelikan flog neben unserem Schiff, um ein paar Fische aufzugabeln, die er aus der hochgehaltenen Hand fraß.

Bei der Gelegenheit erfuhr ich, dass Pelikane Zähne haben. Als ich den Fisch mit langgestrecktem Arm hoch in die Luft hielt, nahm der Vogel meine ganze Hand und dazu noch einen Teil meines Unterarmes mit in den weitgeöffneten Schnabel, schloss ihn, um den Fisch festzuhalten, und ließ freundlicherweise meinen Arm zwischen den Zähnen wieder hinausgleiten. Das Ergebnis waren keine schlimmen Wunden, aber dennoch floss ein bisschen Blut. Wenig Blut, sehr wenig. Aber doch genug, um mich mit einem ziemlich überraschten Gesichtsausdruck zurückzulassen.

Dafür posierte das Tier vorbildlich für mein Foto, flog minutenlang neben uns her, während ich auf den richtigen Moment wartete, um ihn in majestätischer Pose zu fotografieren. Am Ende traf ich ihn genau im richtigen Moment. Das Leben ist eben ein Geben und Nehmen. Ich versorgte ihn weiter mit Fisch, musste aber auch noch etwas übrigbehalten, für andere Bedürftige, haarigere und noch gierigere. Die Welt ist voll mit Kreaturen, die ihre Bedürfnisse nicht wirklich kontrollieren können.

Kyōto – Japan

Nirgendwo auf der Welt erscheinen uns Europäern die Menschen fremder als in Japan. Als Reisender ist man nicht in der Lage, abzuschätzen, ob man sich gerade anständig verhalten oder vollständig blamiert hat. Ein falscher Verbeugungswinkel, ein unangemessener Gesichtsausdruck, eine dumme Frage, schon ist man in den Augen der Anwesenden zum Vollhonk mutiert.

Das Gesicht nicht zu verlieren, ist dem Japaner ein echtes Anliegen. Dabei ist er extrem freundlich. Mit Landkarte in der Hand wird man sofort gefragt, ob man Hilfe brauche, und gern auch zur nächsten Bahnstation geführt. Es ist gut, wenn man sich dann angemessen bedankt. Wie das geht, weiß allerdings keiner.

In einem Hotel stellte ich an der Rezeption eine Frage, die der Hotelbedienstete nicht beantworten konnte. Ein fürchterlicher Fauxpas! Der Rezeptionist brach sofort in Schweiß aus. Ich hatte dem Angestellten keine Chance gelassen, ohne Gesichtsverlust aus der Sache herauszukommen. Er starrte mich an. Flüssigkeit rann aus jeder Pore. Er verließ mit entschuldigender Geste völlig durchnässt seinen Platz. Eine Kollegin erschien.

Ich wiederholte die Frage, was den Fehler nicht nur fortsetzte, sondern verschlimmerte. Ich hatte mich schuldig gemacht. Auch die zweite Kollegin hatte ich vernichtet. Ebenfalls schweißnass verließ sie gebeugt die Rezeption. Zwei weitere Kollegen erschienen, hinter mir bildete sich eine Schlange. Nachdem ich vier Rezeptionisten verschlissen hatte, begann es hinter mir zu grummeln, doch ich verstand immer noch nicht das Existenzbedrohliche der Situation. Ein fünfter Hotelangestellter versicherte mir, Hilfe zu holen. Danach blieb die Theke leer. In der nächsten Viertelstunde erschien niemand mehr, der Ort war verwaist. Ich sah keinen der Angestellten jemals wieder. Wir verließen das Hotel und hatten es mental zerstört. Erst sehr viel später fanden wir heraus, dass wir niemals eine solch konkrete Frage hätten stellen dürfen. Wir hätten zumindest das Hotel, wenn nicht das Land, verlassen müssen. Ich würde mich an dieser Stelle gern entschuldigend verbeugen, wenn ich nur wüsste, in welchem Winkel.

Tsemo – Indien

Seit dem Baujahr 1430 hat man hier von der Tsemo Gompa einen bemerkenswerten Ausblick auf das Industal und die Zanskar-Range, einen Teil des Karakorum. Das ist keine Landschaft, die man als lieblich bezeichnen würde, eher ein Flecken Erde, an dem deutlich wird, dass man sich auf einem Planeten befindet, auf dem sich nur mit sehr viel Glück Leben entwickelt hat.

Hat man das Kloster erreicht und atmet immer noch unbeschwert, dann ist man entweder bereits bewusstlos oder extrem gut im Höhentraining. Selbst mit normaler sportlicher Konstitution sollte man es erst einmal ein paar Tage ruhiger angehen lassen und Klosterbesuche mit unendlich vielen Stufen auf später verschieben, um sich an die Höhe zu gewöhnen. Luft ist kein ganz unwichtiger Bestandteil eines beschaulichen Tages. Und wenn es wenig davon gibt, sollte man nicht auf dicke Hose machen, sondern lieber bescheidene Zurückhaltung zelebrieren, will man nicht am Ende des Tages als Trottel dastehen, der mit Klopfen im Schädel im Hotel nach einer Sauerstoffflasche fragen muss.

Als wir oben ankamen, waren die Mönche in Vorbereitungen für die Festivitäten des nächsten Tages: Buddhas Geburtstag stand an. Das ist kein Event mit Topfschlagen und Torte, aber so viel anders ist es auch nicht. Mönche wandern zu Hunderten die Berge hinab, verursachen ein ohrenbetäubendes Dudeln auf ihren exotischen Hörnern, und unten in der Stadt tanzt der Bär, allerdings nur metaphorisch. Es gibt in Ladakh nur sehr wenig Bären, dafür Steppenschafe, Murmeltiere und Pfeifhasen, weitaus sympathischere Zeitgenossen, schon weil sie alle nicht in der Lage sind, mich mit einem Hieb ihrer Pranke zu töten. Ich mag das nicht.

London – Großbritannien

Dies alles war mal ein Teil Europas. Dann stieg der Meeresspiegel, die Landbrücke zum Kontinent wurde weggespült und Britannien wurde zur Insel. Das war vor etwa 10.000 Jahren. 10.000 Jahre später wiederholte Boris Johnson diesen Vorgang im politischen Bereich und trennte das Land von seinen lebenswichtigen Partnern ab. Die eine Hälfte der Briten freute sich, die andere nicht. Es ist erstaunlich, dass die Hälfte der Bevölkerung aus emotionalen Gründen begeistert zustimmt, wenn Dinge beschlossen werden, die definitiv für alle Seiten ausschließlich wirtschaftliche Nachteile haben.

Dann kam Corona. Und niemals wird aufgearbeitet werden können, was der Brexit an Schaden angerichtet hat. Am Ende wird alles an Corona gelegen haben. Auch bei der Seuchenbekämpfung hat Boris Johnson vorbildhaft für alle Populisten fundamental versagt. Eigentlich sollte man glauben, dass die Menschen irgendwann erkennen, wer ihnen schadet. Aber der Mensch ist Primat, und wer das Rudel leitet, entscheidet sich in archaischen Kämpfen und nicht im vorderen Cortex des schlauen *Homo sapiens*. Der Populismus beweist, dass auch das moderne Staatswesen mehr einem Rudel als einer im Gesellschaftsvertrag gegründeten Gemeinschaft denkender Wesen ähnelt.

Gesellschaft ist ein eskalierendes Unternehmen, ungesteuert, das Ergebnis einer Vielzahl von chaotischen Prozessen und unberechenbar. Sie ist wie das, was auf dem Foto hier zu sehen ist: Das Alte steht neben dem Neuen, die Zeiten überlagern sich, hier und da wird gebaut, aber der Platz für Veränderung wird enger und enger, und wenn etwas Neues entstehen soll, muss Bestehendes eingerissen werden. Oft wird dabei mehr zerstört als neu geschaffen. Die Gräben, hier vor dem Tower von London, scheinen tief.

Boris Johnson hat Veränderung versprochen und sein Versprechen gehalten. Er hat Großbritannien an den Rand des Abgrunds geführt und vielleicht schon darüber hinaus. Wenn der Absturz kommt, wird er darauf verweisen, dass ein Virus unberechenbar ist, sich weiter wie ein Gorilla auf die breite Brust klopfen und darauf warten, dass ein jüngeres Alphatier ihn vertreibt. Ob dann alles besser wird, ist nicht vorhersehbar. Vielleicht. Vielleicht auch nicht.

Lviv – Ukraine

Die klassische Kehrwoche, also das diktatorische Wachen über die Treppenhausreinigung im Schwäbischen, ist heute nicht mehr so *en vogue* wie noch vor vierzig Jahren, als auch junge, anarchistische Mieter von Frauen in pastellfarbenen Haushaltskitteln mit Besen und Kehrblech in der Hand durch massive Drohungen zur Sauberkeit gezwungen wurden. Heute warnt die umweltbewusste Hausmeisterin vor dem Einsatz von Reinigungsmitteln und hält den Schimmel-, Parasiten- und Schwammbefall für den Beweis erfolgreicher Renaturierung der Hausgemeinschaft.

In anderen Ländern ist man nachlässiger im Umgang mit dem Haussegen. Eine Treppe wird erst dann sauber gemacht, wenn die einzelnen Stufen nicht mehr zu erkennen sind, einen neuen Wandanstrich gibt es nicht. Warum auch? Man weiß ja nicht, wann es dem russischen Nachbarn mal wieder gefällt, mit dem Panzer einzufallen. Vielleicht wird man dann vertrieben oder das Haus in Schutt und Asche gelegt. Dann hat man umsonst renoviert. Also lässt man es.

Die mit dem dicken Filzer auf die Wand gemalten Namenszüge, sogenannte *tags*, wirken urban und westlich. Es gilt inzwischen weltweit als cool, wenn junge Menschen ihre Unterschrift auf alles malen, was sich nicht wehren kann. Man könnte dies als narzisstische Störung interpretieren, vielleicht auch als exorbitante Fantasielosigkeit abtun. Ein Name sieht aus wie der andere, kein eigenständiger Gestaltungswille ist erkennbar. Aber warum sollte man sich damit beschäftigen? Die Schriftzüge sind sowohl als Zeichen sinnentleert als auch frei von jeder Kreativität und deshalb keinen Gedanken wert.

Da zeugt der auf der zweiten Stufe liegende verwesende Teppich von höherer künstlerischer Willenskraft und Intensität. Er verkörpert nicht nur den vergeblichen Willen zur würdevollen Raumgestaltung, sondern auch ein Resignieren vor der Vergänglichkeit, das ein tiefes künstlerisches Leiden an der Welt verrät. Vielleicht hat ihn aber auch nur jemand aus der Wohnung geschmissen und dann dort liegen gelassen. Kann auch sein.

Marrakesch – Marokko

Da die Häuser in Marrakesch in den meisten Fällen keine Heizung haben, es aber im Winter dennoch kalt werden kann, empfiehlt sich die Mitnahme wärmender Kleidung, auch für die Nacht. Wir hatten ein wirklich gutes Hotel und dennoch das Gefühl, in einer Kühlkammer zu schlafen. Am Morgen fühlt man sich wie ein gut abgehangenes Entrecote und kann den Kopf nicht mehr als 20 Grad nach links und rechts wenden. Es ist dann kein großer Trost, dass wahrscheinlich auch die Verfallsprozesse des Fleisches, die vor dem Marokkoreisenden nicht haltmachen, verzögert wurden. Die Haut fühlt sich im Gesicht an wie ein Nackensteak und am Arm wie eine gerupfte Ente.

Aus der Dusche kam zwar heißes Wasser, aber in ökologisch einwandfreier, radikal reduzierter Menge. Man hatte bei jedem Duschgang den subjektiven Eindruck, einen maßgeblichen Beitrag gegen den Wassermangel geleistet zu haben. Shampoo zu verwenden erforderte Mut. Macht nichts. Man geht ja nicht auf Reisen, um es genauso zu haben wie zu Hause. Das ist übrigens mal ein sehr guter Satz, auch wenn er nur so nebenbei daher gesagt wurde! Er beinhaltet eine ausgesprochen wichtige Erkenntnis! Darum wiederhole ich ihn gern noch einmal: Man geht nicht auf Reisen, um es genauso zu haben wie zu Hause!

Wir waren im Januar in Marrakesch und fuhren von dort aus ans Meer und in die Berge. Dort waren Touristen Mangelware, das Warenangebot auf den Märkten dementsprechend mehr auf die einheimische Bevölkerung ausgerichtet: Ziegenköpfe, Original-Amany-Shirts, Rollex-Uhren, weitere Ziegenköpfe. Wir haben das Sightseeing genossen, aber auf den Einkauf verzichtet. Beim deutschen Zoll werden weder gefälschte Uhren noch echte Tierteile mit Augen gern gesehen.

Mount Cook – Neuseeland

Der höchste Berg Neuseelands ist 3.724 Meter hoch und hat zwei Namen: Aoraki und Mount Cook. Das ist der Geschichte geschuldet, die in zwei Teile geteilt ist: in die Zeit vor und nach der Ankunft westlicher Siedler. Dass man den Kolonialismus heute kritisch sehen muss, ist keine Frage. Recht so. Allerdings ist das nicht den ersten Kolonialisten vorzuwerfen, denn ihnen waren die moralischen Ansprüche, die man heute an Reisende stellt, völlig unbekannt. Mit anderen Worten: Es ist einem Kolumbus nicht vorzuwerfen, dass er bei der „Entdeckung" Amerikas nicht über die Menschenrechte der Einheimischen nachgedacht hat, schon weil es die Menschenrechte noch nicht gab. Sie waren eine Erfindung späterer Jahrhunderte. Es wird heute sehr oft vergessen: Es ist auch uns nicht gegeben, über unseren eigenen Horizont hinauszuschauen. Und auch wir werden vielleicht irgendwann Gegenstand erbitterter Debatten darüber sein, ob wir Idioten oder Wilde waren.

Der Mount Cook ist in erster Linie als Mount Cook bekannt, weil die Kenntnis über den Mount Cook von englischsprachigen Forschern und Siedlern in die Welt hinausgetragen wurde. Ich will mich nicht an einer Diskussion beteiligen, ob nun alle Berge, Flüsse und Dinge mit Namen versehen werden müssen, die aus der Sprache von Ureinwohnern stammen, schon weil auch diese Ureinwohner keine Ureinwohner sind, sondern von irgendwoher kamen, und niemand weiß, ob sie das Land einfach in Besitz genommen oder Ur-Ureinwohnern weggenommen haben, die keine Spuren hinterließen. Geschichte hat keinen Anfang. Das alte Shakespeare-Ding: Täter sind Opfer, die zu Tätern werden und oft auch wieder zu Opfern … Geschichte ist eine unendliche Story von illegaler Inbesitznahme, von Raub und Vergewaltigung und Krieg. Und das sollte uns vor Augen führen, was für eine unglaubliche zivilisatorische Leistung es ist, dass bei uns Rechtsstaatlichkeit herrscht, dass eben der Schwächere Recht bekommt, wenn es dem Recht entspricht. Rechtsstaatlichkeit ist insofern Grundlage jeglicher Zivilisation. Und was das mit dem Mount Cook zu tun hat, weiß ich auch nicht. Doch! Jetzt weiß ich wieder:

Von mir aus können Sie den Berg auch Aoraki nennen. Mir gegenüber haben in Neuseeland alle nur vom „Mount Cook" gesprochen. Und deshalb heißt er auch in diesem Buch exakt genauso: Berg Koch. Klingt nicht dolle. Aber das ist ja nun auch wirklich egal.

Puebla – Mexiko

Der Weltmeisterschaft in Mexiko 1970 verdanke ich meine erste Farbfernseh-Erfahrung. Damals fanden die Spiele der Gruppe 2 mit Italien, Uruguay, Israel und Schweden in Puebla statt. Ich erinnere mich, als wäre es gestern gewesen. Es war meine erste, bewusst wahrgenommene Fußballweltmeisterschaft. Das 0:0 zwischen dem späteren Vizeweltmeister Italien und dem kommenden WM-Vierten Uruguay im Stadion Cuauhtémoc war allerdings ein Langweiler. 47 Jahre später kam ich zum ersten Mal selbst in die Stadt.

Puebla wirkte auf mich herausgeputzt, schön gemacht und hergerichtet. Erst in den Hinterhöfen wurden die Oberflächen rauer. Und während das Fußballstadion inzwischen mit einer Fassade aus Ethylen-Tetrafluorethylen ausgestattet ist (wie auch das Stadion in München), blättert in den abgeschiedenen Patios malerisch die Farbe von den Wänden. Die Gottesmutter schaut dem Putz unbeeindruckt beim Schimmmeln zu. Und die Topfpflanzen wissen nicht genau, worauf sie warten.

Für die Reisenden gab es draußen auf den Straßen bunt angemalte Schädel zu kaufen, die auf den *Día de los Muertos* verwiesen und ihn zur Touristenattraktion degradierten. Die Fassaden waren frisch und bunt gestrichen und warfen sich in Pose. Ich aber war weder am Totenschädelkauf noch an einer Puppenstubenbesichtigung wirklich interessiert. Ich brauchte Ersatz für einen kaputten Gürtel, der dafür sorgte, dass ich die Stadt mit der ständigen Angst durchwanderte, meine Hose könnte mir auf die Knöchel sinken. Das ist die wahrscheinlich intensivste Erinnerung, die ich mit Puebla verbinde. Die Nebensächlichkeiten erobern sich in der Erinnerung oft unverdient die besten Plätze.

Im Stadion wurde die Saison dieses Jahr wegen Corona ohne Publikum begonnen, Puebla stand anfangs in der Mitte der Tabelle, aber wenn Sie das hier lesen, wird sich das vielleicht dramatisch geändert haben. Der Fußball ist schnelllebiger als die Farbe an den Wänden. Wer wüsste das besser als Maria, die in der Mitte des Bildes demütig den Kopf neigt und weiß, dass Auf- und Abstieg kommen und gehen und jede Hose irgendwann hinunterrutscht.

Abijatta – Äthiopien

Die Fächerakazie sieht aus wie eine Mischung aus Fächer und Akazie und ist der Inbegriff Afrikas. Überall steht eine herum.

Sie ist erfolgreich, evolutionär gesehen. Das liegt wahrscheinlich an verschiedenen Charakterzügen: Sie ist wehrhaft mit ihren stacheligen Blättern, die jeden, der daran zupft, zur Vorsicht gemahnen. Sie ist standhaft im Wind. Und sie hat die Ruhe weg.

Bei uns wird viel über das geheime Leben der Bäume philosophiert. Dabei werden dann gern Begriffe aus dem menschlichen Sozialleben benutzt. Schlichte Gemüter glauben deshalb, Bäume seien mit Bewusstsein versehen und sprächen wie die Menschen, nur eben durch chemische Substanzen, die durch Wurzel und Blattwerk abgegeben werden. Es gibt wahrscheinlich Menschen, die sich vorstellen können, dass sich Bäume unterhalten. „Krass, der Boden üs voll trocken, ey, wann lässt die große Bitch es wieder regnen?" – „Alter, wenn üsch wüsste, wäre üsch net Fäscherkazie, sondern Kachelmann!" Ich glaube eher: So ist es nicht. Auch nicht im übertragenen Sinne.

Der Austausch von Signalen ist eben nicht menschlich, sondern in der ganzen Schöpfung ein evolutionärer Vorteil, ohne dass man hier gleich von sozialem Bewusstsein reden kann. Bewusstsein setzt ein Organ voraus, das die äußeren Signale bündelt und in einer Art verarbeitet, die über ein einfaches Reiz-Reaktions-Verhalten hinausgeht. Wenn die Fächerakazie ein „Ich" hat, dann mit Sicherheit eins, das nicht zu kognitiven Fähigkeiten in der Lage ist, die über ein bloßes „Hier steh ich, und hier bleibe ich!" hinausgehen. Aber das ist natürlich auch nur eine Vermutung.

Das Problem ist prinzipiell, dass wir das Ich-Bewusstsein selbst nicht richtig erklären, ja nicht einmal definieren können. Auch unter Menschen gibt es Leute, deren Fähigkeiten nicht über die einer Fächerakazie hinausgehen. Sie stehen da, wissen nicht, warum, und sind doch Menschen. Man erkennt es am Gesicht, den Kaffeeflecken auf der Hose und dem offenen Schnürsenkel. Im Detail wird alles Erklären immer schwieriger. Eigentlich wollte ich etwas über Fächerakazien in Äthiopien sagen, aber ich habe vergessen, was.

Rhonegletscher – Schweiz

Der Mensch ist heute nicht mehr fähig, auf einen Gletscher zu schauen, ohne das Klagelied des Klimawandels anzustimmen. Natürlich ist es völlig legitim, sich über den Klimawandel zu echauffieren und besorgt zu sein. Es ist nicht nur legitim, es ist sogar notwendig. Aber aufregen kann man sich im Tal. Auf dem Berg, wenn der Gletscher ins Blickfeld kommt, sollte man alle Zivilisationskritik vergessen und seine letzte Fähigkeit zum Staunen aufwenden. Umso effizienter wird man dann im Tal darüber nachdenken, wie es gelingen könnte, die mitteleuropäischen Gletscher zu erhalten.

Wir fuhren von Zürich aus los. Es regnete unaufhörlich, die Berge lagen in Wolken, die Sicht war gleich null. Wir hatten längst eingesehen, dass eine Weiterfahrt Richtung Grimsel- und Sustenpass sinnlos war, fuhren aber wie in Trance weiter. Am Furkapass wärmten wir uns bei einem Kaffee auf und fragten uns, warum wir das sinnlose Projekt der Alpenrundfahrt nicht einfach abbrachen. Wir fuhren weiter.

Als wir um die Ecke bogen, von der aus der Rhonegletscher ins Blickfeld gerät, riss es auf. Der gewaltige Gletscher präsentierte sich, als hätte er Mitleid mit uns Reisenden. Wir waren die Einzigen, die an diesem regenverhangenen Tag vorbeikamen. Nach zehn Minuten verzogen sich die letzten Nebelfahnen, dann hatten wir freie Sicht bis zu den Gipfeln. Natürlich hatte der Gletscher nicht den ganzen Tag Zeit für uns. Nach einer halben Stunde beschloss er, sich wieder unter eine dicke Decke zu legen. Der Regen setzte wieder ein und verließ uns nicht mehr bis zum Hotel in Zürich.

Ein sonniger Tag am Berg wäre wahrscheinlich erheblich weniger beeindruckend gewesen. So hatten wir das Gefühl, die Natur hätte sich extra für uns entkleidet.

Sylt – Deutschland

Auf Sylt gibt man sich große Mühe, Touristen zu beeindrucken. Ein Dreimaster, ein doppelter Regenbogen, mehr geht nicht.

Die Insel selbst gibt sich extrem selbstbewusst. Dabei kann man sich eigentlich niemals sicher sein, ob man auch in Zukunft den Kopf über Wasser behält. Der steigende Meeresspiegel bedroht die Insel, ist aber nicht die größte Herausforderung. Weit unberechenbarer erscheint einfach das Schicksal. Im Oktober des Jahres 1634 beispielsweise versank die komplette Nordseeinsel Strand in einer großen Sturmflut. Pech gehabt! Von einem Tag auf den anderen verschwand sie aus den Steuerlisten. Und das nicht, weil das Wasser langsam gestiegen wäre, sondern weil ein einziges herausragendes Wetterereignis genügte, um alles wegzuspülen. Ein Zeitgenosse berichtete: „Um sechs Uhr am Abend fing Gott der Herr aus dem Osten mit Wind und Regen zu wettern an, um sieben wendete er den Wind in den Südwesten und ließ ihn so stark wehen, dass fast kein Mensch gehen oder stehen konnte, um acht und neun waren alle Deiche schon zerschlagen ... um zehn Uhr war alles geschehen." Gott spülte innerhalb weniger Stunden offenbar alles weg, wofür heute enorme Quadratmeterpreise bezahlt werden.

Sylt ist wunderbar, aber wenn man dort in Immobilien investiert, sollte man wissen, dass das Wort „immobil" nicht bedeutet, dass alles auf ewig unbewegt bleibt. Vielleicht wird auch Kampen irgendwann in einer Nacht aus den Steuerlisten verschwinden. Und niemand würde das mehr bedauern als die deutschen Finanzbehörden, die es gewohnt sind, das Geld von den Lebendigen zu nehmen.

Ein großer Tsunami ist schlimmer als jede Enteignung, und ich wünsche allen, die auch im 21. Jahrhundert noch für Vergesellschaftung der Produktionsmittel eintreten, dass sie irgendwann begreifen: Der Unterschied zwischen Besteuern und Enteignen ist, dass Enteignung nur einmal funktioniert, die Steuer aber jedes Jahr von neuem abkassiert wird ... Wenn der Wind alles nimmt, hat am Ende niemand etwas davon. Der Sturm denkt darüber nicht nach. Er ist noch unberechenbarer als unsere Finanzbehörden.

Sadowo – Bulgarien

All jenen, die sich echauffieren, wenn man Menschen „Zigeuner" nennt, möchte ich folgendes Erlebnis erzählen: Ich besuchte vor ein paar Jahren das Dörfchen Sadowo in der Nähe von Plovdiv in Bulgarien. Es wird ausschließlich von ehemaligen Nomaden bewohnt, Sinti und Roma, wie man hierzulande sagt. Der ganze Ort ist voller Menschen, die man früher bei uns als „Zigeuner" bezeichnet hätte. Als ich die Bewohner des Ortes als Sinti und Roma bezeichnete, wurde die Stimmung feindselig. Ich wurde belehrt, dass Sinti und Roma nur ein kleiner Teil der Volksgruppe der „Ciganes" sind, nämlich Leute, die es geschafft hätten, sich als Stellvertreter für alle „Ciganes" auszugeben, dass es aber weit mehr fahrendes Volk gebe, und sie wollten „Ciganes" genannt werden, weil sie eben keine Sinti und Roma seien, sondern stolz auf ihr „Ciganes"-Sein, und „Ciganes" sei kein Schimpfwort, sondern eine Ehrenbezeichnung, wenn sie denn nicht mit der Absicht der Herabwürdigung verwendet werde.

Seitdem betrachte ich Diskussionen über nach der früher fahrenden Volksgruppe benannte Soßen oder Schnitzel mit dem Blick des von der Realität Eingeholten. Ich benutze, wenn ich unter mir Wohlgesinnten bin, wieder das Wort „Zigeuner", nicht weil ich gern jemanden herabwürdigen würde, sondern weil ich mich auf die Aussage von Betroffenen verlasse. Ich weise dann aber explizit auf den Vorfall hin, um mich zu rechtfertigen.

In der Öffentlichkeit rede ich überhaupt nicht mehr über Menschen, die sich selbst als „Ciganes" betrachten, weil ich fürchte, entweder mit der Bezeichnung „Sinti und Roma" „Ciganes" zu beleidigen oder mit der Bezeichnung „Ciganes" die selbsternannten Hüter der richtigen Sprache zu verprellen. Ich glaube, dass indessen viele Menschen lieber darauf verzichten, etwas zu sagen, bevor sie sich der Belehrung jener aussetzen, die immer genau wissen, wie es richtig geht.

Was am Ende die beste Lösung ist, weiß wahrscheinlich niemand. Sollte mich jemand wegen der Verwendung des Wortes „Ciganes" als Rassisten denunzieren, muss ich darauf verweisen, dass mich die im Sinne des Denunzianten rassistisch Verunglimpften nachdringlich gebeten haben, sie so zu bezeichnen. Mit anderen Worten: Dann hätten mich die rassistisch Verunglimpften selbst zur rassistischen Verunglimpfung aufgefordert. Das verstehe alles, wer will. Ich fühle mich diesbezüglich vollständig überfordert.

Wer genau weiß, wie man es allen rechtmachen kann, soll mir bitte Bescheid sagen. Ich wäre dankbar.

Triberg – Deutschland

Früher hieß es oft: Fahren wir in die Berge oder an die See? Die Alternativen waren dann der Schwarzwald oder die Nordsee, beides nicht schlecht. Triberg hat einen wunderbaren Wasserfall, Wangerooge immerhin Ebbe und Flut.

Meine Eltern hatten keinen Führerschein, deshalb fuhren wir mit Bus und Bahn im eigenen Kulturkreis in Urlaub. Ökologisch waren wir Avantgarde. Die Gründe für die Entscheidung, keine Fernreisen zu unternehmen, waren allerdings weniger futuristisch. Mein Vater glaubte, dass jenseits von Innsbruck der Olivenölhorizont lag, jene Linie, die die Völker trennt in solche, die eine Küche haben, also Frikadellen, Bratwurst oder Kotelett, und jene, die ihrem Körper teuflische Dinge zuführen, die für zivilisierte Menschen nicht essbar sind, als da sind: Olivenöl, Knoblauch oder Pizza. Mein Vater wusste: „Der Italiener kann nicht kochen!" Zufrieden mit seiner Erkenntnis schmierte er sich ein Brot mit Teewurst oder Stinkkäse, dem guten alten Harzer Roller.

Als wir pubertierten, entdeckten wir die Freuden der Gastronomie, die einen exotischeren Speiseplan für uns bereithielt als die mütterliche Küche. Der Takisgrill bot *Keftedes* für fünf Mark an, dazu eine „Cola Spezial", ein billiger Rotwein, den der Gastwirt nicht als solchen verkaufen durfte, weil ihm die Lizenz dafür fehlte. Damit bekam man für wenig Geld einen leichten Rausch und einen Knoblauchatem, der die elterliche Wohnung in den Vorhof der Hölle verwandelte. Meine Mutter pflegte zu beteuern, dass der Gestank, den wir mit nach Hause brachten, zuletzt im Krieg durch die Wohnung geweht war. Sie meinte den Geruch von Karbidlampen.

Wir genossen die Erweiterung unseres kulinarischen Horizontes, der bald nicht mehr auf Europa beschränkt war, sondern sich globalisierte: Vietnam, Japan, Thailand. Mein Vater war entsetzt. Es dauerte zwanzig Jahre, bis er dann seinerseits seine erste Pizza aß, ein Nahrungsmittel, das er bis ins nächste Jahrtausend verweigert hatte, weil er es nicht probieren musste, um zu wissen, dass es nicht schmeckte. Irgendwann ging es nicht anders. Wir zwangen ihn. Margherita. Es ging. Er war überrascht, dass das Ganze ansatzweise genießbar war, wenn auch ölig, primitiv und geschmacklich verachtenswert. Seine, wie er sagte, „feine Zunge" ließ weitere Experimente nicht zu.

Nanuoya – Sri Lanka

Wer im Urlaub über Nordsee oder Gardasee nicht wesentlich hinausgekommen ist, wird nicht wissen, dass das Tuk Tuk ein fast überall auf der Welt verbreitetes, extrem wichtiges Verkehrsmittel ist. Es fährt durch Bangkok, La Paz oder Kairo – und auch durch Nanuoya. Es fährt über Kehren und Passstraßen durch die Teeberge Sri Lankas. Es knattert, stinkt, und das Kunstleder der Sitze ist oft gerissen und lässt den darunter liegenden Schaumstoff herausquillen, Füllmasse, in der sich die hitzebedingten Ausdünstungen der Reisenden sammeln und eine ungute Melange bilden aus Gries, Gekrümpel und Gewese. Ich vermute, dass sich im Inneren der Sitze auch bisher unbekannte Wirbeltiere tummeln, und habe mir fest vorgenommen, beim nächsten Besuch danach zu suchen und neue Tierarten zu entdecken.

Der Fahrer erledigt während der Fahrt nicht nur Telefonate, sondern auch jede Menge schriftliche Kommunikation, liest auch schon mal Zeitung, bleibt aber auch häufig für eine Viertelstunde an der Straßenseite stehen, um sich zu unterhalten. Im Stau fährt er auch zwischen zwei Autos durch, zwischen die er nicht passt. Wie er das macht, ist bisher physikalisch ungeklärt, ich vermute, er nutzt dunkle Materie, um die im Weg stehende Raumzeit zu krümmen.

Geparkte Tuk Tuks sind ausgesprochen selten. Eigentlich dachte ich, dass die Fahrer ihr komplettes Leben während der Fahrt verbringen und auch, wenn nötig, während der Fahrt schlafen oder kleinere Ausscheidungen verrichten. Dann traf ich hier in Nanuoya, achtzig Kilometer vor Kandy, auf ein verlassenes Exemplar. Es wirkte auf mich, als hätte es sein Fahrer aus schwerwiegenden Gründen ausgesetzt. Verunsichert wartete das Gefährt darauf, von seinem Halter abgeholt zu werden. Ich machte mir Sorgen. Bis heute weiß ich nicht, ob sich irgendjemand gefunden hat, der dem allein gelassenen Fahrzeug aus seiner schier erbarmungswürdigen Lage geholfen hat. Ich kann es nur hoffen.

Rotorua – Neuseeland

Manches, was aussieht wie ein apokalyptisches Werk der Filmindustrie, ist einfach nur Natur. Eigentlich ist ja alles Natur. Denn alles, was existiert, ist Teil des großen evolutionären Ganzen. Selbst ein Smartphone besteht aus allerlei Krempel, der im Wesentlichen aus der Erde geholt wurde, sei es das Lithium der Akkus oder das Metall des Gehäuses, das mühsam aus Erzen geschmolzen werden musste. Selbst ein Klodeckel, sei er aus Duroplast, Thermoplast oder Polyresin und damit antibakteriell, besteht vollständig aus Molekülstrukturen, die aus Atomen und damit aus dem geformt sind, was man der Natur entnehmen konnte.

In Rotorua erzeugt die Natur in Form von heißen Quellen schlechte Luft. Das ist eigentlich gut so, denn ohne natürliche Treibhausgase läge die Temperatur der Erde bei minus 18 Grad. Vorteil wäre, dass man dann den Gefrierschrank einfach offen lassen könnte. Nachteilig wäre, dass es dann kein Leben auf der Erde gäbe. Allerdings könnte sich dann auch niemand darüber aufregen. Kosmisch gesehen wäre es egal, denn angesichts der Abermilliarden von Abermilliarden Sternen, wäre das Fehlen irdischen Lebens spätestens ein paar Lichtjahre entfernt völlig belanglos. Und auch auf der Erde wäre das Fehlen der Menschen lediglich für die Menschen selbst von Nachteil, nicht für das System als Ganzes. Wenn sich Mitbürger bemühen, „die Schöpfung zu erhalten", so sollte man ihnen mitteilen, dass schon die Vorstellung, der Mensch wäre in der Lage, die Schöpfung zu gefährden, völlig absurd ist.

Wenn wir uns um die Umwelt sorgen, dann nicht wegen der Schöpfung, sondern aus Egoismus. Der Erhalt unseres Lebensraumes ist für uns Menschen lebenswichtig. Leider ist das Problem extrem komplex. Viele Mitbürger rufen einfach „Abschalten, Stoppen, Aufhören!" und glauben, es sei auf diese Weise möglich, die Welt zu retten. Die oft geforderte Abschaffung des globalen Welthandels beispielsweise würde Milliarden Menschen zurück in die Armut stoßen und in der Folge zu Völkerwanderungen, Bürger- und Weltkriegen führen. Viele sind dann beleidigt, wenn man ihre viel zu einfachen Problemlösungsvorschläge infrage stellt. Ich wurde deshalb – offensichtlich mangels Argumenten – als Klimaleugner denunziert. Dann startete man einen Shitstorm im Internet, um die ideologische Oberhoheit wiederzugewinnen. Das aber half nicht in der Sache, ich fürchte, es diente ausschließlich der moralischen Selbsterhöhung.

Es gilt: Man sollte nie dem Überbringer einer Botschaft vorwerfen, dass die Nachricht unangenehm ist. Auch ich finde es extrem schade, dass die Lösung für das Problem des Klimawandels nicht so einfach ist, dass sie auf das Pappschild eines Schülers aus der neunten Klasse passt. Das ist ärgerlich, aber schwer zu ändern.

Athen – Griechenland

Wenn wir von den alten Griechen reden, sind wir voller Bewunderung, vor allem die Alten oder Gebildeten, weil sie wissen, dass wir den Hellenen unsere Weltsicht verdanken, denn sie haben nicht nur die Philosophie erfunden und damit vielleicht als Erste die Grundfragen unseres Daseins erörtert, sondern auch die Mathematik, die Geschichte und vor allem die Logik. Aristoteles stellte folgende Gleichung auf: Wenn A gleich B und B gleich C, ist A gleich C. Das erscheint uns heute selbstverständlich, aber nur, weil die Logik in unserer Denkart seit den alten Griechen eine Selbstverständlichkeit ist. Allerdings ist ihre Bedeutung abnehmend. Heute gibt es eine wachsende Zahl von Menschen, die sagt: Wenn A gleich B und B gleich C, dann doch nur, weil es dem Finanzkapital nützt, dem Judentum, den Freimaurern oder Bill Gates.

Es war der große Philosoph Donald Trump, der die Logik als Erster infrage stellte, als er herausfand, dass das Gegenteil von Wahrheit nicht die Unwahrheit sei, sondern „alternative Fakten". Wenn die griechische Philosophie den Beginn des Abendlandes markierte, dann war die Wahl Trumps vielleicht der Beginn des Endes. Das dürfte seinem Bedürfnis nach Bedeutung entgegenkommen. Eine solche Bewertung würde ihm wahrscheinlich schmeicheln, weil er sich immer im Mittelpunkt der Geschichte wähnt. Im Zweifel ist er aber gar nicht die Ursache, sondern nur ein Symptom des Niedergangs.

Im Internet sorgt schon lange eine schleichende Entwicklung dafür, dass nicht mehr das Wahre wirklich wahr ist, sondern das, was am meisten angeklickt wird. Wenn die Unwahrheit erst einmal durch Postings und Retweets zum gängigen Glauben geworden ist, ist die Wahrheit belanglos oder verschwunden. Am Ende schreibt jeder vom anderen ab, und das Meistgeklickte wird zur Wahrheit, ganz unabhängig vom Wahrheitsgehalt.

Unwahr ist allerdings auch, dass mit den Griechen das Abendland beginnt. Vor ihnen waren die Mykener, die nichts von Aristoteles wussten, wohl aber vom Burgenbau. Vor ihnen waren andere, von denen wir kaum etwas wissen. Solange es Raum und Zeit gab, gab es immer ein Davor. Aber die Griechen waren die Ersten, die erkannten: Sein ist wahrgenommen werden. Und so begannen sie, Geschichte zu schreiben. Sie wussten: Wahr ist nur das, was wir wissen. Viel wissen wir nicht.

Mladost – Bulgarien

Wenn ich auf Reisen bin, gehe ich gern in Tempel, um zu sehen, welchen Umgang die Menschen mit ihren Heiligen pflegen. Dann ist es mir egal, ob ich bei Muslimen, Katholiken, Hindus, Buddhisten, Geistergläubigen oder Griechisch-Orthodoxen bin. Überall glauben die Menschen, dass sie die einzig wahren Götter kennen, so wie Schalker und Dortmunder, ja sogar Offenbacher oder Kaiserslauterner glauben, dem einzig richtigen Fußballverein zu folgen, was natürlich Quatsch ist. Der einzige Verein, der wirklich in der Lage ist, einem jungen Menschen Weisheit und Herzensbildung zu verleihen, ist Fortuna Düsseldorf, ein Club, bei dem jeder Sieg nur dazu dient, die Kraft der nahenden Niederlage zu verstärken. So wird dem heranwachsenden Anhänger vermittelt, dass alles Leben Scheitern ist, denn am Ende steht entweder der Tod oder der Abstieg. Vielleicht hat mich jetzt aber auch die Erinnerung an die 0 : 3-Niederlage beim VfL Bochum am 13. März 1982 ein wenig pathetisch werden lassen.

Was wollte ich sagen? Überall auf der Welt tun Menschen ihren Glauben kund, selbstsicher und vom Gedanken beseelt, andere vom Glück der eigenen Auffassung überzeugen zu können. Ich bin kein Missionar. Ich verzichte gern darauf, andere zum Agnostizismus zu bekehren. Ich sprühe auch nicht das Logo meines Fußballvereins auf Autobahnbrücken, ich trage keine Unterhemden mit der Aufschrift „Jesus lebt", und ich pappe auch keine Sticker mit dem Schriftzug „eating meat" auf Stoppschilder.

Aber ein traurig hinter das Gitter eines schäbigen Fensters geklemmtes Heiligenbildchen ist in der Lage, mich zu rühren. Darunter hat irgendein Profilneurotiker seinen Namen gesprüht. Was für ein Bullshit! Wie muss es eigentlich um das Selbstwertgefühl eines Menschen bestellt sein, der mit Sprühflasche durch die Straßen läuft, um unerkannt sein Signum in der ganzen Stadt zu verteilen. Das ist eine Markierung des Territoriums, die einer Hundepfütze gleichkommt, Schrift gewordene Ideenlosigkeit. Die Mutter Maria mit dem Kind hinter Gittern aber wirkt wie ein liebevoll trotziger Versuch, in eher profaner Umgebung an das Ewige zu erinnern. Danke dafür!

Gizeh – Ägypten

Als ich 2001 in Kairo war, erschien mir die Stadt als der größte Moloch, den ich je gesehen hatte. Allein 300.000 Menschen lebten dort auf Friedhöfen. Sie wurden geduldet, weil sie die Mausoleen, in denen sie schliefen, pflegten. Wahrscheinlich ist das heute noch so. Die Gräber sind bis zu 1.000 Jahre alt. Dort zu leben, wäre mir unheimlich, aber die überwältigende Mehrheit der Menschen auf unserer Welt wohnt nicht da, wo sie es schön findet, sondern wo es Unterkunft gibt. Daran sollte man immer mal wieder denken, wenn einem in der eigenen Butze der Balkon eine Spur zu weit nach Nordwesten ausgerichtet erscheint. Nein, das heißt nicht, dass man stets zufrieden sein und die Fresse halten soll. Aber ein bisschen Demut alle sieben Tage fördert das Wohlgefühl. Ist ja nur ein Tipp, kein Befehl von ganz oben …

Diese Gräber in Gizeh, einer Stadt, die mit Kairo direkt verwachsen ist und ebenfalls ein paar Millionen ungezählte Einwohner hat, sind unbewohnt. Es sind gigantische Pfeilspitzen, die zum Himmel zeigen. Und wenn man glaubt, man hätte die Pyramiden schon so oft auf Fotos gesehen, dass man sie eigentlich nicht mehr besuchen muss, dann irrt man sich. Es gibt nur wenige Dinge auf der Welt, die man so oft auf Abbildungen gesehen hat und von denen man dann dennoch derartig überwältigt ist, wenn man vor ihnen steht.

Es existieren indessen viele Erklärungen dafür, wie diese Grabmale angeblich gebaut worden sind. Ich glaube an alle. Aber ganz ehrlich: Ich vermisse ein bisschen den Gedanken, dass diejenigen, die sich derart gigantomanische Denkmäler setzen, nicht nur große Herrscher gewesen sein müssen, sondern auch völlig narzisstisch gestörte Größenwahnsinnige. Ich bin gespannt, wie Donald Trumps Grabmal einmal aussehen wird. Ich glaube nicht, dass er hinnehmen wird, dass ausgerechnet Ägypter größere Gräber haben als er. Der Wahnsinn der Pharaonen lässt sich erklären. Sie konnten fast nichts wirklich wissenschaftlich erklären, weder, wo alles herkommt, noch, wie alles funktioniert. Deshalb hielten sie alles für göttliches Werk. Irgendwann glaubt man dann, wenn einem alle huldigen, an die eigene Göttlichkeit. Wahrscheinlich ist es bei Trump das Gleiche. Vielleicht wird er einst enttäuscht sein und „Sad for our country" rufen, wenn er erfährt, dass er für eine 150 Meter hohe Pyramide als Grabstätte mitten auf dem Time Square keine Baugenehmigung bekommt.

Bagan – Myanmar

Wer schon einmal angstfrei mit Fluggesellschaften wie Buddha Air, SpiceJet oder Drukair geflogen ist, der freut sich auch über den charmanten Muff, den die Innenausstattung eines Air Bagan-ATR-Fluggerätes ausstrahlt. Die Freude beginnt bereits, wenn man die Website von Air Bagan aufsucht. Dann weist einen der Internet-Browser darauf hin, dass die Seite nicht sicher ist, und zwar mit dem Hinweis: „Nicht sicher – air.bagan.com". Ich kann mir vorstellen, dass dies abergläubische Besucher von einer Buchung abhalten könnte.

Das leicht ranzige Flugzeug brachte uns von Rangun nach Nyaung U, wo ich auf einem Markt zum ersten Mal in meinem Leben Rattenspießchen sah. Das Rezept ist einfach: Spieß durch die Ratte stecken, aufs Feuer legen, fertig. Ob stark gewürzt werden muss, hängt wahrscheinlich davon ab, ob die Ratte im Tempel gelebt hat oder in der Kanalisation.

Ganz in der Nähe liegt Bagan, ein Tal, das mit ein paar tausend Stupas übersät ist, uralt, teilweise verfallen. Es strahlt die große Würde einer Stätte aus, die Jahrtausendwechsel erlebt habt, und zwar nicht nur einen. Es gab dort, bevor Corona das Reise-Business in den Abgrund riss – und damit die Existenz von Abermillionen Menschen auf dieser Welt – nicht wenige Touristen. Als ich das erste Mal dort war, war das noch anders. Nur wenige Menschen verloren sich zwischen den Stupas. Heute ist es wieder so.

Irgendwie sieht es so aus, als hätte die Covid-19-Pandemie, die Welt in ein früheres Zeitalter versetzt, lokaler, demütiger, bescheidener. In Düsseldorf hört man Sätze wie: „Es muss nicht immer Bali sein, Sylt ist auch schön." Die Menschen vergessen dabei, dass sich das, was wir sehr abstrakt als Minuswachstum bezeichnen, woanders auf der Welt in fehlenden Mahlzeiten, abgebrochener Schulbildung und einem Leben ohne Schmerzmittel niederschlägt. Der Niedergang des globalen Tourismus ist eine große Katastrophe! Es gibt bei uns Leute, die halten sich für gute Menschen, weil sie Sätze sagen wie: „Es sollte um die Menschen gehen, nicht um die Wirtschaft." Das ist ein strunzdummer Satz, ausgesprochen von Leuten, deren Verstand offenbar nicht ausreicht, um sich vorzustellen, für wie viele Menschen auf diesem Planeten das Ende der Wirtschaft auch das Ende des Menschseins bedeutet.

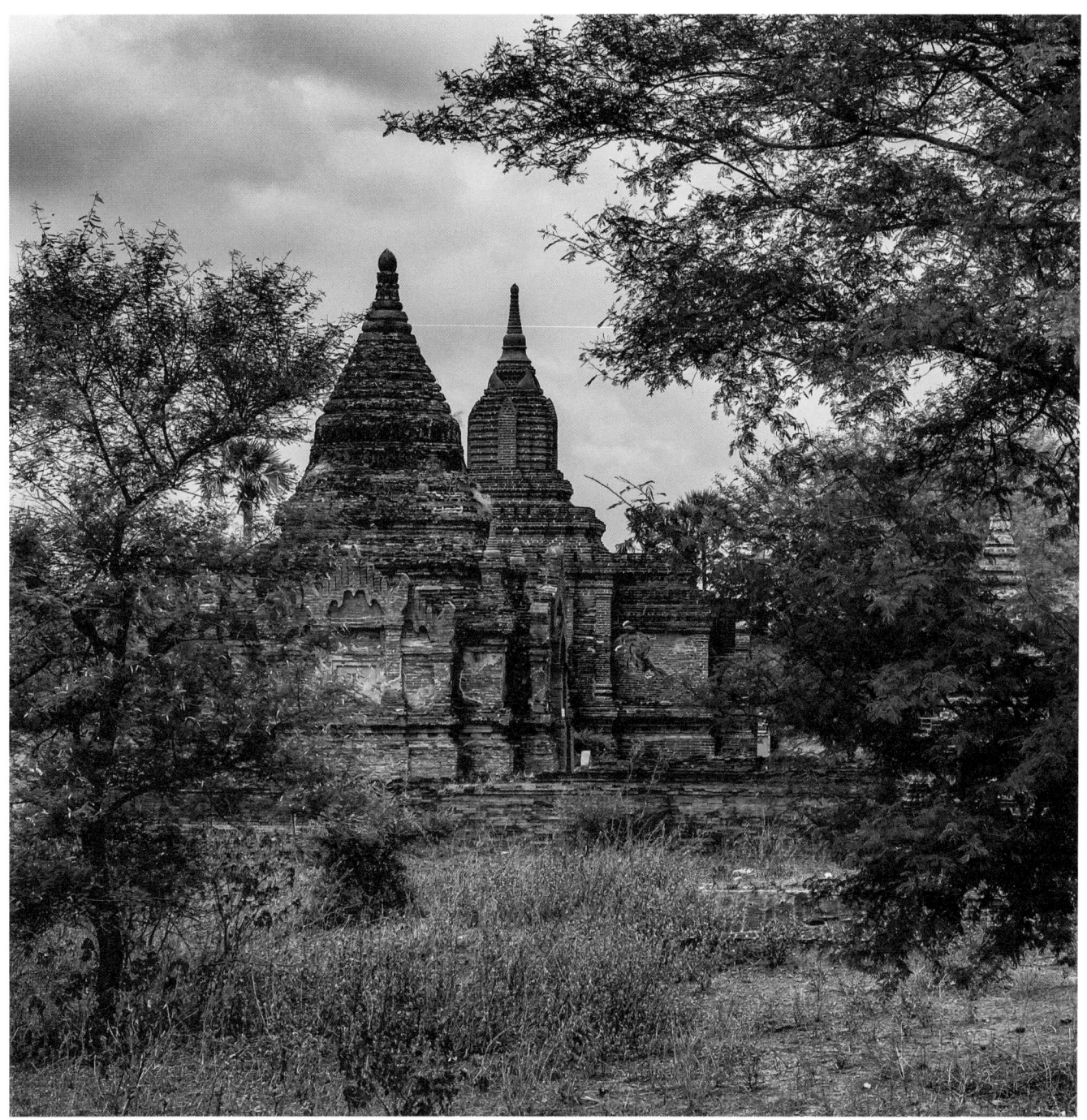

Kuta – Indonesien

Indonesien ist das größte muslimische Land der Welt. Es besteht aus 17.508 Inseln. Eine davon ist Bali. Bali ist weitgehend hinduistisch. Das macht einen Unterschied. Überall im Land stößt man auf kleine Tempelchen und Opfergaben für die zahllosen Götter, die niemand alle kennt. Es sind Millionen. Der Hinduismus ist die einzige Religion, in der es Götter gibt, die keinen interessieren, weil sie nicht wichtig genug sind.

Im Dschungel fühlt sich der Tourist wie im Paradies und vergisst dabei, dass es Gründe hatte, warum der Mensch die Natur hinter sich lassen wollte. Einer davon waren gefährliche Tiere. Schlangen zum Beispiel. Ich hatte auch in Deutschland schon einmal Schlangen im Garten, allerdings irgendwelche Wald- und Wiesennattern, die nicht einmal in der Lage waren, unser damals noch lebendes Meerschwein zu erschrecken. Im Dschungel auf Bali gibt es andere Kaliber – und zwar nicht wenige. Wir hatten sogar eine Schlange im Schlafzimmer. Wir bemerkten sie, als wir zum Frühstück gehen wollten. Ich rief an der Rezeption des Hotels an und bat um Entfernung.

Das Tier war noch jung, vielleicht einen Meter lang und auch nicht wirklich begeistert von seinem Aufenthaltsort. Es war offenbar durchs Dach hineingefallen und hatte nicht wieder hinausgefunden.

Ich hätte das Ganze wahrscheinlich als nebensächlich abgehakt, wenn der lächelnde Hotelmitarbeiter, der die Schlange mit einem Regenschirm bewaffnet nach draußen bringen wollte, bei Ansicht des Tieres nicht spontan erst grün geworden und dann versteinert wäre. Erst sein Gesichtsausdruck sagte mir, dass wir ein seltenes Tier in nicht ganz freier Wildbahn erleben durften.

Ich schlug im Internet nach. Es war eine Speikobra, die nicht nur beißen, sondern ihr Gift auch gezielt in die Augen spritzen kann, auch auf Entfernung. Schön, dass sie – ebenso wie wir – nicht an Ärger interessiert war. Wir wechselten das Zimmer und wurden ohne Kosten upgegradet. Speikobras gehören offenbar auch auf Bali nicht zum üblichen Zimmerservice.

Kolkata – Indien

Wenn Sie es gern eng haben, ist Indien Ihr Land. Jedes Kind weiß, dass das Land dicht bevölkert ist. Aber was das bedeutet, bemerkt man erst, wenn man da ist. In Kolkata (früher: Kalkutta) zu leben, ist wie ein Dasein in einer überfüllten U-Bahn während eines immerwährenden Berufsverkehrs.

Jeder Mensch hat ein Gefühl für körperliche Distanz. Bei uns hält man auch ohne coronabedingte Abstandsregeln beim Sprechen einen bestimmten Abstand ein, nicht bewusst oder geruchsbedingt, sondern einfach so, instinktiv. In Indien ist dieser Abstand geringer. Das liegt in Städten wie Kolkata daran, dass so viele Menschen um einen herum sind, dass sich, wenn man den Abstand nach vorn vergrößert, die Distanz zu allen Seiten und nach hinten dramatisch verringert.

In eher billigen Romanen findet man oft die Formulierung: „Er spürte den Atem in seinem Nacken." In Indien spürt man den Atem nicht auf ein Körperteil beschränkt, und man riecht auch nicht nur das, was aus der Lunge austritt. Menschen riechen aus zahlreichen Öffnungen, von der winzigsten Pore bis zur Ohrmuschel. Und Indien ist das Land der Gerüche, vom feinsten Gewürz bis zum faulenden Körperteil.

Dazu ist das Land auch noch bunt. Und es ist laut. Es ist also eine Freude für alle, die es laut und bunt mögen. Wer eher Richtung leise und schwarz-weiß tendiert, fährt besser nach Sibirien. Empfehlenswert ist, vor der Reise in sich hineinzuhorchen und sich zu fragen: Was halte ich eigentlich aus?

Der Herr auf dem Bild steht übrigens nicht immer so schön im Licht, wie im Moment der Aufnahme und kann es sich nicht aussuchen, ob er nach Indien will oder nicht. Er ist da, und er sieht nicht so aus, als wenn er diesen Zustand ernsthaft infrage stellen würde. Wir, die wir zivilisationsverbogen sind und Krümel auf dem Boden und Flecken in der Tischdecke für ernsthafte Prüfungen halten, können nur schwer begreifen, wieso bei den Menschen in Kolkata so viel Leichtigkeit zu spüren ist. Das mag natürlich eine optische Täuschung sein. Wer weiß das schon? Aber ab und zu darüber nachzudenken, schadet nicht.

Mount Everest – Nepal

Die Schneekoppe, tschechisch Sněžka, polnisch Śnieżka, ist 1.603 Meter hoch und sieht recht gewaltig aus. Sie ist der höchste Berg des Riesengebirges, und über ihren Gipfel verläuft die Staatsgrenze zwischen Polen und Tschechien.

Der Mount Everest, nepalesisch Sagarmatha, chinesisch 珠穆朗瑪峰, verfügt über noch beeindruckendere Eigenschaften. Er ist mit 8.848 Metern Höhe der höchste Berg der Welt. Über seine Gipfelgrate verläuft die Grenze zwischen Nepal und China. Zu Fuß hochzugehen, ist nicht nur mühsam, sondern auch nicht ganz ungefährlich. Wir nahmen deshalb den Helikopter, aber der Berg versteckte sich in Wolken. Wenn das zu Fuß passiert, hat man als Wandersmann ein Problem, vor allem, wenn es am Berg unerwartet zuzieht und ein Schneestürmchen einsetzt. Wir aber konnten es am nächsten Tag recht komfortabel noch einmal probieren.

Wir flogen über den Pass zwischen Nuptse und Hillary Peak und blieben in Augenhöhe mit dem Mount Everest und seinem Kumpel Lhotse in der Luft stehen, ein erhebender Anblick. Um es in das Tal direkt vor die Berge zu schaffen, mussten wir teilweise eine Flughöhe von mindestens 6.500 Metern haben. Nur der Pilot verfügte über Sauerstoff. Ich aber machte Foto um Foto, um nachher beurteilen zu können, was ich gesehen hatte. Der Sauerstoffmangel in der Birne verstärkte noch die Euphorie. Auf 5.300 Metern machten wir einen kleinen Zwischenstopp. Ich fiel beim Aussteigen sofort auf die Fresse, musste aber furchtbar lachen. Die kaputte Hose und das blutende Knie waren mir egal. Ich war gaga. Schmerz ist das Problem der Atmenden.

Wir übernachteten bei ein paar robusten Bergbewohnerinnen auf 3.400 Metern. Eine Unterhaltung mit einem taubstummen Sherpa rundete den Abend ab. Ich hätte seine Sprache ohnehin nicht verstanden, mit Händen und Füßen ging es. Nachts war es eiskalt, aber es gab eine elektrische Heizdecke. Am nächsten Morgen war ich irgendetwas zwischen „medium" und „well done". Es war großartig! Wenn es Corona zulässt, fahre ich demnächst zur Schneekoppe.

Epilog

Es ist nicht immer leuchtend bunt, was man sieht, wenn man die Welt beobachtet. Und vor allem ist es nicht immer lustig! Im Gegenteil! Auch erschließt sich nicht immer alles sofort. Eigentlich lässt sich das meiste, was man sieht, nur schwer entschlüsseln. Menschen tun seltsame Dinge.

Sie werfen sich in den Staub, um einem imaginierten Wesen zu huldigen. Sie sprengen sich in die Luft, weil ihre Aggression stärker ist als ihr Lebenswille, oder sie verfolgen und bedrohen Fremde, weil ihnen nur der Hass auf die anderen das Gefühl gibt, selbst wertvoll zu sein. Andere zerstören Leben, weil sie glauben, die ganze Menschheit müsste ihren Vorstellungen vom Menschsein folgen. Einige Menschen essen Rinder und hassen Schweinefresser, andere essen Schwein und hassen Hundefresser, wieder andere hassen Fleischesser, weil sie glauben, ihre Moral stehe über der Funktionsweise der Natur, die sich im Wesentlichen durch Fressen-und-gefressen-Werden regeneriert.

Wieder andere schneiden ihren Kindern ohne medizinische Veranlassung oder Betäubung die Vorhaut ab oder die Klitoris. Sie glauben, dass das so sein muss, weil das schon immer so war. Sie glauben, dass das, was immer war, richtig ist, obwohl es noch nie richtig war. Sie sind sich keiner Schuld bewusst. Andere fahren mit dem Auto ins Fitnessstudio, um dort Rad zu fahren.

Immer wieder überfallen Menschen ihre Nachbarn. Ganz wenige fliegen zum Mond. Viele wählen irre Schwätzer oder fressen, bis sie platzen, manche schaffen sogar beides zusammen. Woanders kauft man Lamaföten und Antilopenhörner, weil man glaubt, dass das der Fruchtbarkeit zuträglich ist. Es gibt Leute, die fahren einen 30-Tonner ohne anständige Bremsen über den Khyber-Pass. Auch in ansonsten halbwegs zivilisierten Gesellschaften glauben mehr Menschen als man denkt an reptilienartige Weltherrscher, die im Erdkern wohnen. Andere glauben an den Affengott, die Dreifaltigkeit oder die Geister der Ahnen, trinken aus dem Ganges oder gehen nicht ohne Kalaschnikow aus dem Haus.

Manch ein grausamer Verbrecher ist ein bezaubernder Familienvater. Und umgekehrt. Fast allen erscheint ihr Leben als normal und das Leben der anderen als seltsam. Im Wesentlichen ist alles chaotisch, und wenn wir meinen, wir könnten das Ganze verstehen, sind wir schon dabei, die Dinge unzulässig zu verkürzen, zu vereinfachen und zu verdrehen. Warum machen wir das? Weil wir Menschen sind und unser Verstand so funktioniert, dass er versucht, die Dinge durch Ordnen zu verstehen und zu kontrollieren. Wenn wir das nicht schaffen, erfinden wir eine Ordnung, um den Kontrollverlust zu kompensieren, weil wir ihn nicht aushalten. Das ist krank. An Reptilien im Erdkern zu glauben, ist so eine Krankheit.

Menschen tragen Gewänder und lachen über Frauen in Hosen. Oder sie tragen eine Kutte, einen Kaftan, einen Frack, eine Levi's oder einen Zweireiher, und alle zusammen lachen sie über Männer in Röcken. Viele glauben, dass Geld glücklich macht, eigentlich fast alle, außer denen, die Geld haben. Die wissen, dass diese Hoffnung vergeblich war.

Ob die Menschen zufrieden oder aggressiv, mühselig, beladen oder beseelt sind, hängt mit dem Wohlstand, in dem sie leben, selten ursächlich zusammen, eigentlich sogar überraschend selten. Das liegt daran, dass sich der Mensch ungeheuer schnell an seinen Zustand gewöhnt und sich mit der Normalität abfindet. Ob er dann gut oder schlecht gelaunt ist, hängt von seinem Inneren ab. Natürlich spielen die Sorgen um das tägliche Leben auch eine große Rolle für die persönliche Befindlichkeit. Aber es überrascht, dass der Grad der Zufriedenheit mit dem Wohlstand ab einem gewissen Grad sogar wieder abnimmt. Reiche Menschen sind oft getrieben von Verlustängsten, Beziehungsfrust, Geltungsbedürfnis oder Kontrollwahn. Keinesfalls sind sie glücklicher als Arme, oft sogar im Gegenteil. Reiche sind oft traurig. Arme Menschen aber auch. Erfolge verzeichnet der Mensch in den meisten Fällen als selbstgemacht. Am Misserfolg sind die anderen schuld, vorzugsweise die, die Erfolg hatten.

In unserem Land geht es bemerkenswert gerecht zu. Unser Staat, der – im weltweiten Vergleich betrachtet – erstaunliche Leistungen bereitstellt, nämlich immerhin Nahrung, Heizung, Kleidung, Wohnung, Bildung und ärztliche Versorgung für alle, wird im Wesentlichen von Reichen und Firmen bezahlt. Die obere Hälfte der Einkommen zahlt fast die komplette Einkommenssteuerlast. Die oberen zehn Prozent zahlen etwa die Hälfte, 2,3 Prozent Topverdiener zahlen ein Viertel. Auch von den anderen Steuern übernehmen die starken Schultern ein Vielfaches von dem, was die Schwachen tragen. Das ist kein Scherz! Das ist gut! Viele Menschen glauben das nicht, obwohl es recht einfach zu googeln ist. Aber warum sollte man etwas googeln, was die eigenen Vorurteile infrage stellt?

Die Steuerverteilung in Deutschland ist bemerkenswert, weil die Umverteilung zugunsten von Menschen geht, die den Zahlern in überwältigender Mehrheit persönlich unbekannt sind. Es handelt sich also um einen in der Geschichte geradezu beispiellosen Akt der Zivilisiertheit. Und man kann in vielen Teilen der Welt sehen, wie viel mehr Elend es in einer Gesellschaft gibt, in der das anders ist. Ob man die Umverteilung intensivieren oder abschwächen sollte, unterliegt der persönlichen Einschätzung eines jeden Einzelnen. Der Sozialstaat wird bei uns von keiner einzigen gesellschaftlichen Gruppe ernsthaft infrage gestellt. Aber interessant ist, dass der Istzustand unserer Gesellschaft von den meisten Menschen als ungerecht betrachtet wird. Das liegt nicht am Istzustand, sondern an den Menschen, vor allem denen, die beteuern, es gehe ihnen um die Allgemeinheit, die aber doch nur mehr für sich selbst einfordern.

Die meisten Menschen halten unsere Gesellschaft für zutiefst ungerecht, vor allem, weil sie beim Reisen über Holland oder das Strandresort in Thailand nicht hinausgekommen sind. In den meisten Ländern gibt es weit weniger Gemeinwohlorientierung als bei uns, und das gilt in besonderem Maße für sozialistische Länder, in denen die Ideologie im Wesentlichen dazu dient, einer Funktionärskaste ein privilegiertes Leben zu ermöglichen. Ich weise nur darauf hin, weil es wider alles bessere Wissen immer noch Menschen gibt, die uns die Marktwirtschaft madig machen und die Staatswirtschaft als prächtige Alternative andrehen wollen. Der reine, freie Markt macht vieles schlecht, das ist richtig, aber deshalb gibt es ihn bei uns ja auch nicht. Der Markt wird bei uns in allen Bereichen reguliert, durch Normen, Gesetze, Abgaben, Steuern und vieles mehr. Eine erfolgreiche Gesellschaft ohne Markt aber hat es noch nie gegeben. Bis heute ist es nicht überall gut, wo es Marktwirtschaft gibt. Aber überall, wo es gut ist, ist Marktwirtschaft. Ohne Ausnahme!

Dass auch bei uns noch Verbesserungen möglich sind, steht außer Frage. Fast jeder Bürger hat diesbezüglich andere Ideen. Es ist Aufgabe guter Politik, die unterschiedlichen Vorstellungen zu einem Kompromiss zu vereinigen, der niemanden zufriedenstellt, aber trotzdem trägt.

In Deutschland kann man sehen, dass der larmoyante Glaube an die Schlechtigkeit der Welt nicht durch Fakten erschüttert werden kann. Der Reisende aber lernt, das eigene Dasein an vielen verschiedenen Wirklichkeiten zu messen. Und wenn der Blick offen und die Auffassungsgabe ungetrübt ist, kann er nicht anders, als zu erkennen, dass in Mitteleuropa zu leben nicht zufällig weltweit als großes Privileg angesehen wird.

Die Welt ist in Gefahr. Das ist eine Binsenweisheit. Viele unserer Probleme sind global, der Klimawandel zum Beispiel. Daran kann der Einzelne nicht viel ändern. Aber Millionen Menschen arbeiten weltweit am Problem. Der Reisende weiß: Wenn es auch im 21. Jahrhundert noch etwas wirklich Deutsches gibt, dann ist es der Glaube an die Pflicht, die Weltrettung eigenhändig herbeiführen zu müssen. Natürlich ist es nicht zufriedenstellend, wenn man ein Problem erkennt, und sieht, dass die Menschheit an dessen Lösung scheitert, weil sich die Menschen auf ihren Anteil an der Problemlösung nicht einigen können. Das liegt aber daran, dass Menschen Probleme in verschiedenen Teilen der Welt verschieden beurteilen. Die einen wollen einen akribischen Plan, die anderen glauben, dass es noch immer irgendwie gut gegangen ist.

Es macht mir ein bisschen Gänsehaut, wenn ich die deutsche Haltung von Indien oder Bolivien oder Marokko aus betrachte. Bei uns denken nicht wenige ganz selbstverständlich: Erst verändern wir Deutschland und dann die ganze Welt! Unter Weltrettung macht es der Deutsche nicht. Deswegen fürchtet sich die Welt immer noch ein bisschen vor uns. Das erfährt man auf Reisen. Reisen ist wichtig, weil es den Horizont erweitert.

Ich glaube ganz sicher, dass wir eine Lösung für das Problem des Klimawandels bekommen werden. Ich glaube aber nicht an die Rettung der Welt durch Deutsche. Eher schaffen es Chinesen. Sie sind vielleicht sogar die Einzigen, die es schaffen können. Sie sind schon heute für einen Großteil der Klimaemissionen verantwortlich. Und ihr Anteil wächst. Es ist nicht schön, ohnmächtig zuzuschauen. Wenn man aber ohne Macht ist, gibt es nur zwei vernünftige Möglichkeiten. Entweder man freundet sich mit dem Status des Zuschauers an, oder man verschafft sich Macht. Scheinmaßnahmen ohne Effizienz schmälern die eigene Macht noch mehr und dienen deshalb nicht der Sache, sondern nur der moralischen Selbsterhöhung. In moralischer Selbsterhöhung macht uns Deutschen niemand etwas vor. Da sind wir Weltmarktführer. Nur Deutsche sind bereit, die eigenen Lebensgrundlagen zu gefährden, nicht um etwas zu erreichen, sondern um am Ende moralisch besser dazustehen.

Das menschliche Leben ist gefährdet. Wir sind alle immer in Lebensgefahr, und sind wir ehrlich: Das Dasein endet häufig mit dem Tod. Ein einziger bislang noch unbekannter Asteroid ist in der Lage, alles Leben auszulöschen, ein Virus kann uns dahinraffen, ein Krieg, ein Zufall oder irgendein eskalierender Wahnsinn. Da es noch nie so viele Menschen gab, gab es auch noch nie so viele Probleme. Der Wandel der Welt hat sich beschleunigt und erzeugt neben den vielen, die von der Entwicklung profitieren, auch Modernisierungsverlierer. Außerdem sind die Naturkreisläufe bedroht. Aber: Millionen Menschen arbeiten an der Lösung der Probleme, sie arbeiten an emissionsfreier Energie, an effizienter Nahrungserzeugung und an der Bekämpfung von Krankheiten. Das ist weit effizienter, als protestierend Pappedeckel mit völlig irrealen Forderungen in die Kamera zu halten und beleidigt zu sein über die Schlechtigkeit der Welt. Aus der Unzufriedenheit über den Istzustand heraus konstruieren fähige Menschen ihre Lösungen. Und weil bei uns die Verzweiflung über die Welt als Normalzustand gilt, arbeiten wir umso intensiver. Das ist gut.

Ich glaube aber, dass es ab und zu nicht schadet, das Erreichte wertzuschätzen. Wir leben in einer Gesellschaft, die sich vom Naturzustand des Hauens und Stechens denkbar weit entfernt hat. Nicht die Gewalt zwischen den Menschen ist das Erstaunliche, sondern wie viele Menschen heutzutage gewaltfrei miteinander leben. Wenn man immer nur jammert und sich nicht ab und zu vor Augen führt, dass es Fortschritte gibt, verliert man die Motivation oder radikalisiert sich. Wir sehen an vielen Orten der Welt, dass eskalierende Aggression nicht Entwicklung bringt, sondern einen Rückfall in mittelalterliche Zustände bedeutet, in dem das Recht des Stärkeren oder das Schwert Gottes für Angst und Schrecken sorgt. Viele wollen die Welt ins Mittelalter zurückbomben. Sie leben in Gesellschaften, in denen Gefolgschaft und Ehre zählen! Bei uns herrscht kalte Rechtsstaatlichkeit. Das ist eine große zivilisatorische Leistung.

Reisen hilft, um zu begreifen, dass es das Paradies nicht gibt. Noch vor wenigen Jahren wurde uns Venezuela als Wirklichkeit gewordene Utopie eines gerechten sozialistischen Staatswesens angepriesen. Heute herrschen dort Armut und Hunger, ein Großteil der Bevölkerung ist geflüchtet, und die einzigen Dienstleistungen, die der Staat noch für seine Bürger bereithält, sind nicht Schulen oder ein Gesundheitssystem, sondern Gefängnisse und Polizeiwillkür.

Wenn mich morgen eine gute Fee fragt, was ich mir für unsere Gesellschaft wünschten dürfte, dann würde ich mir einen ideologiefreien Pragmatismus wünschen. Darf ich an dieser Stelle einmal etwas ganz Altväterliches loswerden? Danke! Wenn man jung ist, orientieren sich die Ziele an Idealen und Utopien. Mit zunehmender Reife beginnt man zu begreifen, dass Orientierung am Unerreichbaren nur die Unzufriedenheit vergrößert und keinen Millimeter weiterführt. Man lernt, seine Ziele am Möglichen zu orientieren. Natürlich ist Träumen erlaubt! Aber wer Träume für realisierbar hält, sollte in Betracht ziehen, welche Opfer er bei der Verwirklichung in Kauf nimmt. Der Altbundeskanzler Helmut Schmidt hat gesagt: „Wer Visionen hat, sollte zum Arzt gehen." Da hatte er recht. Er hat übrigens auch gesagt: „Sich vorzustellen, dass Deutschland in der Weltpolitik eine Rolle zu spielen habe, finde ich ziemlich abwegig." Schmidt war Pragmatiker.

Es waren die Utopisten, die die Welt in Schutt und Asche gelegt haben, die Ideologen, die Radikalen, die Gottesfürchtigen und: die Visionäre. Und wenn es etwas gibt, was in der menschlichen Geschichte zu wenig beachtet wird, dann ist es die Würde und die Schönheit des alltäglichen unperfekten Lebens. Unvollkommenheit ist etwas zutiefst Menschliches. Wir machen Fehler und beheben sie wieder. Wir atmen, essen und gucken. Wir nehmen auf und geben ab. Wir teilen mit und hören zu. Das ist es, was unser Leben ausmacht, auf den indonesischen Inseln wie dem chinesischen Festland, in den nepalesischen Bergen wie im platten Holland, an den Rändern der Sahara wie in den Rocky Mountains.

Wir denken nach und irren uns, wir staunen und geben vor, etwas zu wissen, grübeln, stellen infrage oder auch nicht, sind ganz sicher und doch völlig ahnungslos. Wir gehen, fahren, und manchmal fliegen wir, von einem Ort zum anderen, und währenddessen vergeht unsere Zeit. Dann stehen wir, drehen uns um und sehen etwas völlig anderes. Plötzlich nehmen wir etwas wahr, wie wir es noch nie gesehen haben, und am nächsten Tag glauben wir, dass es ganz anders war. Dann erinnern wir uns an Dinge, die es so nie gegeben hat. Wir wissen aus der Wissenschaft, dass wir unserer eigenen Erinnerung nicht trauen können, wie viel weniger also dann den Geschichten der anderen? Misstrauen Sie diesem Buch! Ziehen Sie immer in Betracht, der Autor könnte sich geirrt haben. Oder Sie. Oder die anderen.

Natürlich können wir etwas ändern! Aber man kann auch ruhig einmal etwas so lassen, wie es ist.

Wir strengen uns an, sind verbissen und kämpfen! Aber schön ist es, auch mal loszulassen, Ruhe zu geben und erst einmal durchzuatmen. Im Gebrüll und Gezänk lassen wir unseren Aggressionen freien Lauf. Wir glauben, dass es um etwas geht. Meist aber geht es um etwas ganz anderes. Die meisten Beweggründe, die uns antreiben, sind unterschwellig und unergründlich. Wenn wir etwas tun, liegt das meistens nicht an den Zuständen da draußen, sondern in uns. Wir sind unzufrieden, nicht wegen der Verhältnisse, sondern weil wir das, was in uns nagt, den Verhältnissen in die Schuhe schieben. Wir haben Angst, sind verletzt oder glauben, die anderen wären schuld. Wir haben Adrenalin, Testosteron oder Östrogen, Dopamin und Serotonin. Wir haben Zorn, Liebe, Angst oder Hass, nicht wegen der anderen, sondern in uns.

Im Reisen kommt man zum anderen, um zu sich selbst zu finden. Es sind die Vielfalt und der Irrsinn der Welt, die einem klarmachen sollten, dass auch die eigenen Widersprüche nicht außergewöhnlich sind. Man lernt, mit anderen klarzukommen, und am Ende akzeptiert man sogar den Fremden in sich selbst.

Originalausgabe

Copyright © 2020 by Bastei Lübbe AG, Köln

Umschlaggestaltung: Guter Punkt
unter Verwendung eines Layouts von © Dieter Nuhr
Einband-/Umschlagmotiv: © Dieter Nuhr
Fotos im Innenteil: © Dieter Nuhr
Satz: Helmut Schaffer, Hofheim a. Ts.
Gesetzt aus der Future Bugler Upright und der Exo Light
Druck und Einband: Livonia Print, Riga

Printed in Latvia
ISBN 978-3-431-05019-6

2 4 5 3 1

Sie finden uns im Internet unter luebbe.de
Bitte beachten Sie auch: lesejury.de